KB176050

우리 집 책 읽기

엄마와 아이가
함께 자라는

우리
집　책
읽기

초판인쇄　2016년 2월 1일
초판발행　2016년 2월 1일

글　　　정종민
사　진　이수경
펴낸이　채종준
기　획　조가연
편　집　조은아
디자인　조은아
마케팅　황영주 · 김지선

펴낸곳　한국학술정보(주)
주소　경기도 파주시 회동길 230(문발동)
전화　031 908 3181(대표)
팩스　031 908 3189
홈페이지　http://ebook.kstudy.com
E-mail　출판사업부　publish@kstudy.com
등록　제일산-115호 2000. 6. 19

ISBN　978-89-268-7114-0 03370

엄마와 아이가
함께 자라는

우리
집 책
읽기

글 **정종민** 사진 **이수경**

이담
Books

아이의 초등학교 입학은 설레는 일이다. 아이는 곧 일기장에 재미있는 그림을 그리고 자신만의 이야기를 쓰기 시작한다. 가끔은 받아쓰기 시험에서 백점을 받아오기도 하고, 자전거의 보조바퀴를 떼고 공원을 달리기도 한다. 그 과정을 지켜보는 엄마는 참 기쁘다. 축구시합을 끝낸 후 달려오는 아이를 꼭 안아줄 때나, 서툴지만 엄마가 좋아하는 곡을 피아노로 연주해 들려줄 때도 그렇다.

가끔 아이는 어린 시절 내가 읽었던 책을 읽기도 하는데, 그럴 때마다 좋아했던 책을 더 권해주거나 그 책에 대해 이야기를 해주고 싶기도 하다. 사실 아이와 좋은 책을 골라서 읽는 것만큼이나 읽은 후에 함께 생각하고 쓰고 느끼며 말하는 연습을 하는 것이 중요하다. 이 과정을 통해 아이는 자신과 타인 그리고 세상과 보다 건강한 소통을 할 수 있다. 자세히 보고, 올바르게 생각하고, 진실하게 대화하는 사람으로 성장할 수 있을 것이다.

이제는 혼자서 많은 능력을 갖고 대단한 일을 하는 사람보다는 주위 사람과 조화롭게 일을 처리하는 사람이 필요한 사회가 되었다. 그리고 그것에 필요한 것이 말하고, 듣고, 읽고, 쓰는, 바로 의사소통 능력이다. 책을 읽고 어떤 문제에 대한 배경지식을 쌓아서 그것을 통해 생각하고, 쓰고, 말하는 훈련은 그렇기에 더욱더 중요하다. 이처럼 아이의 일상에 맞추어서 책을 골라서 읽고 느끼고 생각하는 연습을 한 후, 쓰고 말하는 일련의 행위들은 아이와 세상을 이어주는 하나의 통로가 될 수 있다.

책을 읽은 후에는 생각을 해야 하며, 이러한 생각이 표현된 것이 말과 글이다. 즉, 우리는 말과 글이라는 도구로 자신의 생각을 표현한다. 건강한 소통을 하기 위해서 올바른 생각은 필수 조건이다. 생각이란 사물에 대한 인식과 이해라고 할 수 있다. 우리가 생각을 하는 목적은 현재의 상황을 정확하게 판단해서 올바른 행동을 하기 위해서이다. 글쓰기와 말하기는 바로 생각에서 비롯된다. 그리고 생각은 그의 삶과 밀접한 관계가 있다. 생각이 삶을 만들고 삶이 생각을 만들기 때문이다. 단지 지식이나 정보를 안다고 해서 행동이 바뀌지는 않는다. 스스로 깨달아야만 행동이 변화할 수 있다. 실제로 많은 사람들이 사회생활에서 곤혹감을 느끼고 타인과 대립과 갈등을 빚는 이유도 대부분 의사소통에서 오해가 생겼기 때문이다. 그리고 그 문제를 해결할 수 있는 가장 합리적인 방법 역시 말과 글이다. 이처럼 사회에서 의사소통 능력은 매우 중요한 자질로 부상하고 있다. 그러나 소통의 기본은 자신과의 소통이며, 자신을 바로 아는 것, 즉 성찰의 힘이 무엇보다 중요하다.

생각하고, 쓰고, 말하는 것으로 책 읽기를 재창조하는 것이 진정한 자신만의 책 읽기다. 그런 의미에서 독서 후 활동이 필요한 것이다. 독서 후 활동은 꼭 도구가 필요하거나 거창한 것이 아니다. 읽은 후 잠깐 동안의 사색이나 엄마와 아이가 나누는 간단한 이야기도 독서 후 활동이 될 수 있다. 책을 읽은 후 자기만의 생각을 정리하는 것, 누군가와 이야기를 나누어보는 것, 그것을 더 체계화해서 글로 써보거나 말로 해보는 것이 모두 이에 속한다. 이런 방법 등을 통해서 엄마는 아이가 책을 어떻게 이해할 수 있는가를 알아볼 수 있다. 책 읽기란 단지 글자만을 읽는, 문자해독 능력을 알아보는 것이 아니라 책에서 이야기하는 의미를 이해해서 저자와 대화하고 읽는 자신과 소통하는 행위이기 때문이다.

아이에게 책을 권하는 가장 중요한 이유는 인생을 살아가면서 책을 좋아하는 사람으로 살아가게 하기 위해서이다. 바로 책 읽는 즐거움을 알게 하는 것이다. 책을 사랑하고 책으로 인생을 즐길 수 있는 사람으로 살아가게 하는 것, 그것이 진짜 목적이다. 책과 함께 자란 아이는 강인하고 현명하다. 가벼운 세상의 즐거움에 깊이 빠지지 않는다. 우리는 좋은 책을 통해 희망과 긍정을 배운다.

이 책에서는 아이의 학교생활이나 일상을 봄, 여름, 가을, 겨울로 나누고 거기에 맞는 몇 권의 책을 골랐다. 본문에서는 사촌 친구인 의진이와 상현이의 실제적인 학교생활과 관련된 소소한 이야기도 넣었다. 그리고 아이와 그 책을 깊이 있게 읽고 할 수 있는 여러 가지 활동을 소개했다. 더불어 책을 읽고 나서 생각하고 간단하게 글을 쓰거나 그것을 말로 표현해보는 과정을 담았으며, 엄마나 친구와 자연스럽게 함께한다면 더욱더 좋다. 이 과정은 아이에게 책과 세상을 이어주는 하나의 통로가 될 것이다. 또한 각 장마다 책을 읽은 후 음식을 만들거나 가족과 함께 책 여행을 한 이야기, 토요 북클럽 이야기, 엄마와 아이가 함께 도서관에서 책을 고르는 이야기 등을 담았다. 책으로 할 수 있는 다양한 활동을 소개하고, 그것에서 오는 행복감을 이야기하고 싶었다.

독서 후 활동이 모든 책에 그리고 모든 아이들에게 반드시 필요하다고 생각하지는 않는다. 그러나 책을 깊이 있게 이해하고 아이와 즐겁게 소통하는 수단이 될 수는 있다. 그 자체가 목적이 된다면 자칫 아이로 하여금 책을 더 멀리하게 하는 역할을 할 수도 있다. 그렇기에 자연스럽고 편안한 방법으로 하는 것이 좋다. 또한 아이가 책을 읽고 책의 내용을 충분히 인지했을 때 하는 것이 바람직하다. 그때 독서 후 활동은 책을 깊이 있게 이해하는 하나의 수단이 될 수 있다. 그러기 위해서는 많은 책을 훑어 읽는 것보다는 한 권을 읽더라도 세심하게 읽는 습관이 필요하다. 활동보다 중요한 것은 책을 읽는 즐거움을 아는 것이고, 그것이 곧 아이가 책으로 느낄 수 있는 행복이기 때문이다.

물론 책을 읽는 일은 중요하다. 그러나 그보다 중요한 일은 세상에 너무나도 많다. 가령 할머니의 다리를 주물러드리는 일, 친구와 함께 근처 물가에서 올챙이를 잡는 일, 강아지와 눈을 마주치며 노는 나른한 오후에 마주한 햇살이 그렇다. 추운 겨울 날, 아빠와 함께 연을 날리며 맞았던 바람도 소중하다. 어떤 경우에라도 친구와의 시간이, 사람과의 만남이 책보다 우선이 되어야 한다.

아이를 키우는 일은 세상을 두 번 사는 것과 같다. 아이의 눈으로 세상을 다시 볼 수 있기 때문이다. 아이가 커가는 것을 지켜보는 것만큼 신비하고 행복한 체험은 없다. 아이와 함께 보는 세상은 조금 더 평안했으면 좋겠다는 생각을 해본다.

나에게 이 글을 쓸 만한 자격이 조금이나마 있다면 그것은 아마도 아이와 이 과정을 한번은 경험해본 사람이라는 것이다. 그 경험을 바탕으로 만든 이 책에는 아이와 함께 생각하고 쓰고 말해보는, 직접 활동할 수 있는 부분이 있다. 빈 공간에 직접 아이가 글을 쓸 수 있도록 한다면 아이의 작품이 들어 있는, 아마도 세상에서 단 하나뿐인 책이 될 것이다. 그래서 이 책의 주인공은 바로 엄마와 함께 책을 읽고 직접 책 속의 빈 공간을 정성스레 채워나갈 우리 아이들이다.

Contents

PART 1

봄,
새로운
시작

나무에 새싹이 돋는 것을
어떻게 알고
새들은 먼 하늘에서 날아올까

김광섭, 「봄」 중에서

새 학년,
나를 만나다

●
'나'를 알고 사랑하는 것이 모든 것의 시작이다
『나는 나의 주인』(채인선 글, 안은진 그림, 토토북, 2010)

초등학교에 입학을 하거나 새 학년이 되어서 새로운 환경을 접하는 것은 아이에게 매우 긴장되는 일이다. 이 시기에는 아침에 학교에 등교하기 전에 배가 아프다고 하거나 머리가 아프다고 하는 아이들도 흔하게 볼 수 있다. 이때 자칫 힘들어하는 원인을 학교나 같은 반 친구들 또는 담임선생님과 같은 주위 사람들 등의 외부 요인에만 있다고 생각할 수 있다. 그러나 가장 중요하게 점검해야 하는 것이 아이가 가지고 있는 자신에 대한 믿음이다. 아이가 흔들리지 않아야 새롭게 시작하는 한 학년을 잘 보낼 수 있다. 그리고 가족들은 아이가 스스로와 주위 사람들, 학교에 대한 믿음이 생기도록 도와주어야 한다.

또한 학교에 잘 적응하기 위해서는 우선 기본적인 생활 습관을 익히고, 교과에 대한 간단한 이해가 필요하다. 초등 1, 2학년 교과는 국어와 수학 그리고 통합 교과로 구성되어 있다. 통합 교과서는 '봄', '나', '여름', '가족', '가을', '이웃', '겨울', '우리나라'로 되어 있다. 책의 내용도 단순한 개념 소개나 정리가 아니다. 이야기의 흐름 속에서 자연스럽게 개념을 이해하고 받아들일 수 있도록 구성되어 있다. 하나의 주제로 여러 교과의 내용을 통합하여 학습한다. 예를 들어서 '봄'이라는 교과에서는 봄과 관련된 바른생활, 즐거운 생활, 슬기로운 생활에 대해 배우게 된다. 실제로 봄을 지내면서 배우기에 훨씬 더 가깝게

다가올 것이다.

학기가 시작하기 전에 아이와 함께 교과서에 이름을 쓰면서 배우게 될 책의 내용을 가볍게 한 번 훑어보는 것도 좋다. 또 이 교과서들은 개별 구매도 가능하니 집에 한 권씩 더 놓아두고 싶다면 구매해도 좋을 것이다.

자신을 아는 것만큼 중요하고도 어려운 일은 없다. 자신에 대한 이해는 모든 일의 시작이다. 채인선 작가의 『나는 나의 주인』의 첫 문장은 바로 "나는 나의 주인. 나는 내가 누구인지 압니다"로 시작한다. 학교생활을 비롯한 모든 일을 처리할 때 내가 누구인지 알고 시작하는 이와 그렇지 못한 이는 결과에 있어서 당연히 많은 차이가 나타난다.

이 책에서는 아이가 자신의 몸과 마음과 감정을 이해하고, 잘하는 것과 못하는 것, 좋아하는 것과 싫어하는 것을 알고 스스로 자신의 주인임을 깨달아야 한다고 말한다. 몸과 마음을 잘 돌보고 지키며, 몸과 마음의 말에 귀를 기울여야 한다는 것이다. 또한 잘하는 것과 못하는 것이 무엇인지 알아서 조금씩 배워나가고, 좋아하는 것과 싫어하는 것을 구별해서 자기 스스로를 키워야 한다고 이야기한다. 특히 이 책에서 가장 인상 깊은 부분은 몸뿐만 아니라 자칫 소홀하게 여길 감정에 대해서도 세심하게 다루고 있다는 점이다. 자신의 마음이 하는 말을 잘 알아듣고 자신에 대해 잘 알고 나면 남들과 비교해서 소심해지거나 자만하는 일은 줄어들 것이다. 그래서 어떤 사람이 되고 싶은지 생각해보는 기회를 주는 책이다.

초등학교에 입학해서 저학년일 때 갑자기 시작되는 학습이나 그림 그리기, 체육과 같은 여러 가지 활동에서 친구들보다 다소 힘들어하는 아이들이 있다. 그럴 때 다른 아이들과 비교를 하면 스스로 더욱 침울해지고 위축되기 쉽다. 세상의 누구나 모든 것을 잘하지는 않으며, 누구나 하나쯤은 잘하는 것이 있다는 것을 알려주어야 한다. 우리는 '유일한 단독자'이기 때문이다. 자신이 무엇인가를 못한다고 스스로를 낮게 평가하는 습관은 다른 사람을 평가할 때도 그대로 적용될 수 있다. 개인마다의 고유성을 인정하고 내가 못하는 것이 있으면 잘하는 것도 있다는 것을 아는 것이 중요하다.

부모에게도 당혹스러운 일은 많이 일어날 수 있다. 아이의 선생님과 친구들로부터 자신이 모르는 부분의 아이의 이야기를 들을 때가 특히 그렇다. 자칫 놀라서 심각하게 받아들일 수도 있지만 상황을 객관적으로 살펴보는 것이 좋다. 물론 항상 아이를 주의 깊게 살펴서 넓고 깊게 생각해보는 것도 필요하다. 간혹 우리가 그 당시 중요하다고 생각하는 것이 사실 아무것도 아닌 일일 때가 많기 때문이다. 그러나 이것이 성장하는 과정에서 생긴 가벼운 일인지, 반드시 바로잡아주어야 할 문제인지에 대한 정확한 판단이 반드시 필요하다.

처음 학교생활에서는 아이와 부모가 챙겨야 할 것이 아주 많다. 공책이나 연필, 필통 등 학용품은 물론이고 티슈나 물티슈 등의 물건도 제대로 준비되었는지 살펴주어야 한다. 그 외에는 담임선생님이 보내주시는 알림장을 보고 그대로 챙기면 좋다. 간혹 알림장이나 책을 학교에 놓고 오는 경우도 있는데, 교실에 가서 되찾아오게 하는 것이 좋다. 다음 날 준비물을 챙길 수도 있고 아이의 실수를 줄일 수도 있기 때문이다. 알림장을 보면서 엄마와 가방 속 물건 정리와 챙기기를 매일 하다보면 아이는 어느샌가 혼자서 다음 날의 책가방을 준비할 수 있을 것이다.

한 교실에는 집중력이 없는 아이, 교실에서 바지에 실수를 하는 아이, 아무 말도 안 하는 아이, 거친 욕을 하는 아이 등 다양한 아이들이 모여 있다. 모두 귀하고 사랑스러운 아이들이다. 다양한 친구들과 건강하게 만날 수 있는 힘은 자기 자신을 잘 알고 사랑하는 마음에서 비롯된다. 자기가 자기 자신을 어떻게 보느냐에 따라서 아이의 행동과 생활은 달라진다. 아이에게 자신에 대한 긍정적인 인식을 할 수 있도록 하자.

엄마와 아이가 함께 해요

📖 책을 읽기 전에

🔖 아이가 엄마와 함께 거울을 통해 자신의 모습을 볼 수 있도록 한다.

🔖 몸과는 다르게 '보이지 않는 마음이나 감정에는 어떤 것이 있을까' 이야 기해준다.

🔖 아이가 잘하는 일과 서툰 일에 대해서 함께 생각해본다.

📖 책을 읽고 나서

💬 생각 연습

↘ 아이에게 자신에 관해 연상해보게 한 후 이름을 적고 밑줄을 차례대로 채운다. 첫 번째 단어를 보고 연상되는 것으로 두 번째 밑줄을 채우고 다시 연상되는 것으로 세 번째 밑줄을 채우는 방식으로 한다.

□□□ - _____ - _____ - _____ - _____

✏️ 쓰기 연습

↘ 위 밑줄의 단어들을 사용하여 '나'를 주제로 문장을 만들어보자.

_____

_____

어떤 글을 쓰든지 우선은 생각을 여는 것이 중요하다. 평소에 사물이나 사람을 주의 깊게 관찰한다면 생각 열기가 훨씬 쉬워진다.

① 글로 쓰고 싶은 주제를 정한다.

② 주제에 관련된 생각을 키우고 글에 필요한 요소들을 모은다.

③ 모은 요소들을 가지고 '처음 – 중간 – 끝'의 순서에 맞게 글을 쓴다.

④ 쓴 내용을 다시 읽고 고칠 내용과 더할 내용이 있는지 살핀다.

⑤ 자신이 쓴 글을 소리 내어 읽어본다.

🎤 말하기 연습

↘ 위의 문장으로 자기소개를 해보자.

Tip. **자기소개 하는 법**

상대방과 이야기를 할 때에는 눈을 맞추면서(eye-contact), 밝고 경쾌한 목소리로 정확하게 말하고, 부드러운 표정을 지어야 한다. 흔히 이야기하는 '눈 맞춤', '솔 음', '스마일'이다. 누군가에게 이야기할 때는 이처럼 말의 내용인 언어적인 요소만큼이나 비언어적인 요소인 몸짓과 음성, 표정 등의 요소도 중요하다. 또 누군가와 이야기할 때 자연스럽게 눈을 마주치는 것은 중요하다. 그러나 문화권에 따라 오해가 생길 수도 있다. 예로 우리나라의 연세가 많으신 어르신들 중에는 아직도 눈 마주치는 것을 '건방지다'라고 생각하기도 한다. 반면 서양 문화권에서는 상대와 눈을 마주치지 않으면 죄책감이나 무엇인가 숨기는 것이 있다고 오해를 받기도 한다.

발음이나 목소리 크기 등도 의사소통에 영향을 미친다. 오래전 일이지만 1902년 미국 앨라배마 주 버밍햄에서 한 강연자가 강연 중에 'Fight'를 'Fire'로 잘못 발음했다. 화재가 발생했다고 생각한 사람들은 비상구를 찾다가 사고를 당했다고 한다. 발음의 중요성을 다시 한 번 생각하게 하는 일화다. 또한 상대방의 얼굴 표정을 보는 것은 의사소통의 시작이다. 얼굴 표정은 대화의 주제에 맞게 해야 가장 적합하고 자연스럽다. 일반적으로는 웃는 얼굴이 가장 좋은 표정이다. 이와 같이 시선과 목소리, 표정에 주의해서 자기소개를 할 수 있도록 해본다.

우리 모두는 '실수'를 통해 성장한다

『절대로 실수하지 않는 아이』(마크 펫·게리 루빈스타인 글, 마크 펫 그림, 노경실 옮김, 두레아이들, 2014)
『치킨 마스크』(우쓰기 미호 글·그림, 장지현 옮김, 책 읽는 곰, 2008)

책에서 얻은 지식이나 누군가에게 바로 배운 기술은 금방 잊어버리곤 한다. 우리는 스스로의 깨달음을 통해서만 성장할 수 있다. 그렇기에 실수를 통해 성장할 수도 있는 것이다. 그러나 부모는 대부분의 경우 아이가 실수하는 것을 좋아하지 않는다. 때로는 아이가 실수를 했을 때 그것을 해결해주지 말고 그냥 바라봐주는 것도 필요하다. 자전거 타는 법을 배우려면 반드시 넘어지는 과정을 거쳐야 하는 것처럼 생활에서도 실수는 필요하다. 그리고 아이에게 스스로 해결할 수 있는 기회를 주는 것이다. 물론 어떤 경우에라도 항상 세심하게 아이를 살피면서 해야 할 일이다. 또한 아이에게 부모의 사랑을 확신할 수 있도록 해야 한다. 스스로 많은 일을 선택하고 잦은 실수와 성공을 경험한 아이는 늘 스스로의 선택에 자신감을 가질 수 있다.

『절대로 실수하지 않는 아이』의 주인공인 베아트리체는 의외로 우리가 주위에서 흔히 볼 수 있는 유형의 아이다. 지나치게 긴장하고 경직되기 쉬운 학기 초에 아이들은 실수를 하지 않으려고 한다. 그런 모습이 때로는 안쓰러워 보이기도 한다. 실수를 하지 않아 '절대로 실수하지 않는 아이'라는 별명으로 불리는 베아트리체는 매일 같은 일상을 규칙적으로 반복한다. 그러나 마음 한 구석에는 실수에 대한 불안이 가득하다. 그런 베아트리체에게 아빠는 용기를 주기 위해 "걱정하지 마, 너는 실수하지 않을 거야"라고 말한다. 그런데 그런 말 대신, "괜찮아. 뭐, 실수하면 어때!"라고 이야기해줬다면 베아트리체는 마음의 부담을 덜지 않았을까. 막상 실수를 경험한 베아트리체가 오히려 더 이상 실수에 얽매이지 않고 자유로워진 것처럼 말이다.

3월이 시작된 후 두 주 정도가 지나면 방과 후 교실도 시작한다. 많은 아이들이 이 프로그램을 수강하며 돌봄 교실을 이용하는 아이들도 있다. 학교생활과 돌봄 교실, 방과 후 교실 또는 학원 등의 일상은 사실상 아이들에게 너무나도 고된 일이다. 이 모든 프로그램을 힘들지 않고 지혜롭게 보내기 위해서는 여유로운 마음가짐이 필요하다. 학원에 다니는 아이들은 조금 더 힘들다. 태권도를 배우면서 승급 심사를 한다거나 피아노 학원에서의 경연 대회와 같은 것들은 모두 아이에게 부담이 되는 요소이다. 때로는 테스트에서 좋지 않은 성적을 받기도 할 것이다. 그러나 이 모든 것은 자라는 과정일 뿐이다. 실패를 한 기억이 오히려 더 소중할 수도 있다. 연을 날리다가 연의 끈이 떨어진 기억, 받아쓰기 시험을 한 칸 밀려서 쓴 일, 용돈이 들어 있는 지갑을 잃어버리고 당황한 기억은 아이에게 새로운 깨달음을 줄 것이다. 그림을 그리거나 글을 쓰기 시작할 때 다소 늦게 시작하는 아이도 많다. 생각을 많이 하는 아이들이 대부분 이와 같은 행동을 한다. 다급한 마음에 엄마는 옆에서 재촉하기도 하는데, 아이가 생각하는 도중에 자꾸 빨리 하라고 하면 아이는 마음에 있는 것을 제대로 표현하지 못한다. 따라서 조급해하지 말고 있는 그대로의 아이를 인정해주어야 한다. 또 그림을 그릴 때에도 결과만을 중시해서는 안 된다. 시간을 정해놓고 그림을 완성과 미완성의 개념으로 파악하는 것도 마찬가지다. 아이가 자신의 소중한 작품으로 인식하도록 하고, 그림을 그리면서 느끼는 즐거움을 발견할 수 있도록 해야 한다. 독후감 등의 글을 쓸 때도 쉽게 시작하지 못하는 아이들에게는 글감을 고를 때의 신중함을 칭찬해주어야 한다. 또한 알림장을 쓸 때 내용을 빠뜨리거나 늦게 쓰는 아이들, 숙제를 해야 하는 책을 교실에 두고 오는 아이, 친구에게 용기 내어 말을 건네지 못하는 아이도 많다. 역시 기다려주는 것이 필요하다. 재촉하면 아이는 상처를 받을 수 있다. 이 과정을 즐길 수 있도록 해주어야 한다.

우쓰기 미호(宇都木 美帆)의 『치킨 마스크』는 아무것도 잘하는 것이 없어서 위축

된 아이의 모습을 잘 나타내고 있다. 공부도, 만들기도, 체육도, 음악도 못하는 아이는 당연히 학교에 가는 것도 싫고 다른 것을 잘하는 아이들을 부러워하기도 했을 것이다. 그런데 우연히 다른 장점이 있는 마스크를 써본 주인공 '치킨 마스크'는 드디어 그 마스크들 중 하나를 고를 수 있게 되었다. 머리 좋은 사람이 될 수도 있고, 운동을 잘하는 사람이 될 수도 있고, 만들기를 잘하는 사람이 될 수도 있다. 과연 치킨 마스크는 무엇을 고를까. 그러나 그는 잘하는 것 대신 누구나 볼 수 없었던 작은 것들까지 볼 수 있었고, 그들의 세계를 깊이 이해하며 사랑할 수 있었다. 즉, 자신의 눈으로 본 세계를 사랑하게 되었고, 자신의 삶을 소중하게 여기며 살아갈 수 있었다. 결국 '치킨 마스크'는 그 어떤 마스크도 고르지 않고 자신의 모습으로 살아가기로 한다. 작가는 『치킨 마스크』 외에도 『햄스터 마스크』나 『상어 마스크』 등으로 이 시리즈를 이어나가고 있다.

세상 모든 일은 동전의 양면과 같은 속성을 갖고 있다. 우리의 삶에는 무수히 많은 경우의 수가 있다. 어떻게 태어났는가도 중요하지만 그 모습으로 어떤 것을 선택해서 어떠한 삶으로 살아가는지가 더 중요하다. 자기 자신 그대로의 모습으로 다양성을 인정하고 용기를 갖는 일은 중요하다. 부모에게 그 무엇보다도 중요한 것은 학교생활을 시작하는 아이를 믿어주는 것, 아이의 학교생활에 따뜻한 관심을 가져주는 것이다. 학교와 선생님을 교육의 동행자로 생각하고 긍정적인 시선으로 바라보며 믿고 응원해주어야 한다.

엄마와 아이가 함께 해요 ‥

📖 책을 읽기 전에

📞 아이에게 엄마가 실수했던 경험을 이야기해준다. 그리고 책을 다 읽은 후 그 경험 때문에 좋지 않았던 점도 있었지만 오히려 배울 수 있어서 더 좋았던 점이 있었다는 것을 알려준다.

📖 책을 읽고 나서

💬 생각 연습

📝 생각을 여는 방법에는 여러 가지가 있다. 그중 가장 간단한 방법으로는 우리가 당연하게 생각해왔던 고정관념에 의문을 제기해보는 것이다. 그리고 그 의문에 대해서 한층 더 깊이 생각해본 후 그 생각에 대해 '왜'라는 질문을 해보고 이유를 말해보자.

- 의문 제기
· 실수는 나쁜 것인가?
· 공부를 잘하는 사람이 행복한가?
· '치킨 마스크'는 자신의 마스크를 좋아했는가?

- 문제 제기의 심화
· 실수가 '나쁘다면' 또는 '나쁘지 않다면' 그 이유는 무엇인가?
· '치킨 마스크'가 자신의 마스크를 선택한 것은 잘 한 행동이라고 생각되는가?

봄, 새로운 시작

- 주장에 대한 논리적 근거 말하기
· 치킨 마스크가 자신의 마스크를 선택한 것이 '잘 한(또는 잘못한) 행동'
  이라면 그 이유는 무엇인가?

✎ 쓰기 연습
↘ 실수에 대한 정의를 내리고, 그 이유를 써보자.

실수는 _____ 이다. 왜냐하면 _____ 이기 때문이다.

🎤 말하기 연습

↘ 오늘 읽었던 책의 내용을 시간적인 순서에 맞게 구성해보자. 그리고 그
내용과 읽은 후의 느낌을 저녁에 들어오시는 아빠에게 전달해보자. 또는 전
화로 할머니, 할아버지 등에게 전달해보는 것도 좋다.

이야기 전달 연습은 아이들에게 경청의 자세를 갖게 만들고, 이야기 구성력 등을 향상시킨다. 아이가 이 연습을 1년 정도 꾸준히 한다면 요약하는 법, 구성하는 법, 표현력이 좋아질 것이다.

선생님과 친구들을
사귀다

보이지 않는 것을 볼 수 있는 눈을 갖다
『까마귀 소년』(야시마 타로 글·그림, 윤구병 옮김, 비룡소, 2000)
『보이지 않는 아이』(트루디 루드윅그 글, 패트리스 바톤 그림, 천미나 옮김, 책과 콩나무, 2013)

　작은 것들의 세계를 볼 수 있는 눈은 대부분 자신이 그 세계를 통과해왔을 때 생겨난다. 그렇기 때문에 때로는 고난이나 고통이 축복이라고 말할 수도 있는 것이다. 야시마 타로(八島太郎)의 『까마귀 소년』에 나오는 이소베 선생님의 경우가 그렇다. 이 책에서 그의 이력에 대한 설명은 없지만 그가 좋은 교육자로서 성장한 이면에는 그와 비슷한 개인사가 있지 않았을까 생각해본다.

　오래전에 구입한 이 책을 사실 나는 오랫동안 아이에게 보여주지 않았다. 다소 어두운 이야기와 섬뜩한 느낌의 표지가 마음에 들지 않았기 때문이다. 아이가 초등학교에 입학하고, 함께 책을 읽고, 생각하고, 글을 쓰고, 말하기를 하게 되면서 이 책을 다시 꺼냈다.

　처음 이 책을 읽었을 때는 '까마귀 소년'만 보였다. 아무도 거들떠보지 않는 외톨이는 아무도 볼 수 없는, 보지 않는 것들의 소리를 듣고 보고 기억해냈다. 그 아이의 외로움이 보였다. 다음으로는 이소베 선생님의 모습이 보였다. 누군가와의 만남에 의해 우리의 많은 것이 변화되기도 한다. 초등학교 저학년의 경우에 선생님의 역할이 더 중요한 이유이기도 하다. 그다음 또래 아이들의 모습이 보였다. 아이들은 '까마귀 소년'을 지켜보기도 하고, 외면하기도 하고, 때론 기다리기도 했을 것이다. 그러나 대다수의 우리와 같이 그들 역시도 방관자의 역할을 했을 것이다. 그때 소년에게 관심을 보이며 조심스레 말을 걸어주고 잘하는 일을 깨닫게 해준 이가 바로 이소베 선생님이었다. 이소베 선생님은 그 아이와 다정하게 대화를 나누고, 공연을 할 수 있도록 도와주고, 그의 그림도 전시하게 한다. 그 과정에서 소년에게 다른 아이들이 갖지 못한 많은 것이 있음을 보게 되었다.

드디어 공연 날, 아이는 까마귀 소리를 흉내 냈다. 여러 종류의 까마귀 소리는 듣는 이들에게 아이의 6년 동안의 시간이 얼마나 힘들었을 지를 깨닫게 해주었다. 그 시간 동안 그 누구와도 소통할 수 없었던 아이의 슬픔에 대해서 우리는 생각하게 된다. 누군가와 소통할 수 없었던 아이는 대신 다른 사람들이 갖지 못한 눈과 귀를 갖게 되었다. 고통의 가장 깊숙한 곳에 들어간 아이는 자기만의 세계를 만들었고, 자기 자신의 목소리를 듣게 된 것이다.

이 책의 결말은 전혀 드라마틱하지 않다. 그저 일상의 모습을 그리고 있다. 졸업한 아이 역시 평범한 일상을 보낸다. 어려움을 극복하고 크게 성공을 했다든지 하는 이야기가 아닌, 그저 졸업 후에도 묵묵히 살아가고 있는 모습을 보여줄 뿐이다. 하지만 그것만으로도 이 책의 결말은 흡족하다. 실제로도 우리는 어떤 한 가지 사건이나 사람에 의해 인생이 크게 변화하지는 않기 때문이다. 그래서 사건이나 사람을 해석할 수 있는 눈이 필요한 것이다. 이것은 시간을 통해서 완성되며, 작은 관심과 깨달음, 변화가 모여서 한 사람의 인생이 변화하기도 한다.

'까마귀 소년'이 외톨이로 6년이라는 시간을 견뎠지만, 이야기를 자세히 들여다보면 많은 아이들이 그에게 관심을 가진 것을 알게 된다. 첫 장의 그림을 보면 아이들이 모두 창밖을 내다보면서 외톨이인 그 아이를 기다리는 듯하다. 우리는 혼자라고 생각할 때 의외로 많은 사람들이 자신에게 내민 손을 보지 못하기도 한다. 그때 이소베 선생님과 같이 적극적으로 손을 내미는 사람이 필요하다. 이소베 선생님의 손은 까마귀 소년을 세상과 사람들에게로 이어주는 따뜻한 손이었다. 그의 손이 한 소년에게 새로운 일상을 살아갈 수 있는 힘을 주었을 것이다.

소통의 대상이 타인이 아니라 책인 아이들도 있다. 책을 읽는 것은, 더구나 많이 읽는 것은 물론 좋은 일이다. 그러나 책만 읽는 아이들은 때로는 위험하다. 그런 경우에는 대부분 편안한 소통의 대상을 찾지 못했기 때문일 수도 있다. 아니면 책 읽기보다 더 재미있고 흥미로운 일을 찾지 못해서일 수도 있다. 아이에게 세상에는 책보다 흥미롭고 재미있는 일이 너무도 많다는 것을 알려주는 것이 중요하다.

비슷한 내용의 책으로 트루디 루드위그(Trudy Ludwig)의 『보이지 않는 아이』라는 책이 있다. 보이지 않는, 심지어는 선생님에게조차 보이지 않는 존재감이 없는 브라이언이 새로 전학 온 친구 저스틴에게 다가가고 서로 친구가 되는 이야기다.

전학 첫날, 점심 식사 때문에 놀림을 받는 저스틴을 보면서 "놀림을 받는 것이 더 나쁠까? 투명인간이 되는 것이 더 나쁠까?"라고 브라이언이 이야기하는 부분이 있다. 아마도 브라이언은 아이들에게 생소한 음식인 불고기를 가져와서 놀림을 당하는 저스틴에게 동질감을 느꼈던 것 같다. 아이들 사이에서 이질적인 존재로 말이다. 저스틴에게 쪽지를 보내고, 저스틴은 곧 브라이언을 찾아낸다. 그러나 예상과는 다르게 저스틴은 친구들과 잘 어울리는 사교성이 좋은 아이였다. 이 부분에서 우리는 왕따 문제의 메커니즘에 대해서 생각해볼 수 있다. 방관자는 가해자만큼이나 책임이 있다. 그러나 왕따인 친구와 함께 지내면 자신도 피해자가 되어버리는 현실에서는 누구도 쉽게 그에게 손을 내밀지 못한다. 그렇기 때문에 여전히 혼자 그림을 그리는 브라이언을 두고 가려는 저스틴을 보면서 우리는 긴장하게 된다. 그러나 저스틴은 멈추어 서서 그의 그림을 칭찬한다. "그런데 정말 잘 그렸다"라고. 누군가 혼자서 힘들어할 때 우리는 그의 손을 잡아줄 것인가? 우리의 바람대로 저스틴은 브라이언을 자신의 특별 과제 팀에 넣어준다. 저스틴이 브라이언의 어깨를 잡는 순간 계속 흑백의 어두운 모습이었던 브라이언이 화사하게 밝아진다.

함께 책을 읽던 상현이는 놀라며 "어! 이젠 색깔이……"하면서 앞 장을 다시 펼쳐서 확인해본다. 아이들은 어른들보다 관찰력이 뛰어나서 그림 속 아이옷의 색이 바뀌는 장면을 금방 알아낸다. 상현이와 책을 읽으면서 가장 기쁜 순간이다. 이후 브라이언은 가장 싫어했던 점심시간에도 혼자가 아닌, 친구들과 함께 밥을 먹게 되었다.

누군가에게 손을 내미는 일은 쉽지 않다. 그가 많은 사람들 속에서 혼자만 있는 사람이라면 더욱더 그렇다. 그러나 용기를 내어 마음을 열고 누군가를 받아들이게 되면 우리의 삶은 훨씬 풍성해질 수 있을 것이다.

엄마와 아이가 함께 해요 · ·

📖 책을 읽기 전에

✎ 선입견의 위험함을 이야기하고, 다양성을 생각해보는 그림들을 함께 보고 생각을 나눈다. 1892년 미국 심리학자 조지프 재스트로(Joseph Jastrow)가 그린 '오리-토끼' 그림을 함께 본다. 이 그림은 예술사학자 언스트 곰브리치(Ernst Gombrich)가 『예술과 환영』의 첫 머리에 싣기도 했다. 루트비히 비트켄슈타인(Ludwig Wittgenstein)의 형태 교체(Gestalt Shift)의 예로도 잘 알려져 있다. 또한 1920년 덴마크의 심리학자 에드거 루빈(Edgar Rubin)이 만든 「루빈의 술잔(Rubin's Vase)」과 같은 그림도 아이와 함께 본다. 이 그림들을 통해서 다른 사람들과 다르게 생각할 수 있다는 것과 나의 생각이 유일한 진실이 아닐 수도 있다는 것을 이야기해준다. 고정관념의 위험성에 대해서 함께 생각해본다.

📖 책을 읽고 나서

💬 생각 연습

✎ 창의적 사고의 중요성

다양성을 인정하지 않는 사회는 위험하다. 학교에서, 사회에서 일어나는 '왕따 현상' 역시도 개인의 다양성을 인정하지 않는 데서 생긴 현상이라고 말할 수 있다. 획일적인 사고를 지양하기 위해서는 다르게 보고 창의적으로 생각하는 습관이 필요하다. 그러한 노력들에서 발상의 전환도 가능할 것이다.

많은 이들이 잘 아는 작품이지만, 마르셀 뒤샹(Marcel Duchamp)의 「샘(Fontaine)」이라는 작품을 아이와 함께 감상하자. 뒤샹은 1917년 뉴욕에서 열린 앙데팡당(Independant)전에 남자 소변기를 가져다놓았다. 그리고 그것의 제목을 '샘'이라고 했다. 당시 심사위원들과 관람객들의 반대가 심해서 곧 철수했지만, 이 작품은 곧 현대 미술사의 큰 획을 긋게 된다. 무엇보다도 이미 만들어진 '기성품'을 가져다놓았다는 점이 놀라웠다. 이는 기존 예술의 패러다임을 변화시켰다는 면에서 그러하다. 현대 미술사에서 대단히 중요한 의미를 갖는 작품이다. 창의적인 사고를 막는 것은 지배적인 사고나 고정관념이다. 우리는 일정한 틀에 맞추어서만 생각하려는 경향이 있다. 그래서 창의적인 생각을 하기 위해서는 고정관념을 뒤집거나 깨는 작업이 필요하다.

벨기에의 화가 르네 마그리트(René Magritte)의 작품 중 「빛의 제국」은 그의 다른 작품들과 마찬가지로 독특하다. 이 작품은 어둠과 빛이 공존하는 세계를 통해 고정관념을 깨는 소재와 구성을 보여준다. 우리가 기존에 생각하던 모든 것을 새로운 시각으로 다시 바라보게 하는데, 마그리트의 작품은 이러한 상상력을 기반으로 일상의 익숙한 것을 다르게 생각하게 한다. 질문을 던지며 현실을 새롭게 바라볼 수 있게 하는 것이다. 이러한 초현실주의 작품은 제목을 통해 그 의도가 완성되기도 한다. 르네 마그리트의 「이것은 파이프가 아니다」나 「대가족」 등의 작품을 보고, 아이와 함께 다른 제목을 붙여보는 것도 흥미로울 것이다.

그 외에도 평범한 사람들의 창의적인 생각이 편리한 발명품으로 탄생한 예도 많이 있다. 우리가 자주 사용하는 커터 칼이나 지우개가 달린 연필, 일회용 면도기 등이 바로 그것이다. 이와 같이 창의적인 생각이라는 것은 누구나 할 수 있는 것이다. 이러한 창의적인 생각은 오랜 시간 독서와 사유, 경험 등에 의해서 향상되고 발전할 수 있다.

ㄴ 창의적인 사고가 나타나는 단계[1]

창의적인 사고란 무엇인가. 기존의 것과는 다른 관점으로 사물과 세상을 보는 것을 말한다. 그리고 그 시각으로 새로운 아이디어를 창조해내는 것이다. 즉, 과거의 경험과 지식을 기반으로 새로운 것을 첨가하여 새로운 결과물을 창조해내는 것을 창의적인 능력이라고 할 수 있다. 창의적인 사고를 위해서는 다음과 같은 단계가 필요하다.

① 책 읽기나 그림 보기, 음악 듣기, 여행 등의 여러 가지 체험활동이나 다른 사람과의 만남 등을 통해 창의적인 사고를 위한 자료를 수집한다. 자료는 깊이 있고 풍부하게 수집한다.

② 수집한 관련 자료를 깊이 생각하고 이해한다.

---

[1] 임선하, 『창의성에의 초대』, 교보문고, 1998, 38~51쪽 참조.
창의적 사고가 일어나는 단계에 관련된 연구는 여러 가지가 있다. 그중 임선하의 『창의성에의 초대』에 나온 내용을 기준으로 여러 학자들의 연구를 정리해보면 다음과 같다.
① 월러스(G. Wallas)의 4단계: 월러스는 창의적 사고의 단계를 준비 단계, 부화 단계, 발현 단계, 검증 단계의 4단계로 나누어 설명한다.
② 페이분(D. Fabun)의 7단계: 페이분도 월러스의 창의적 사고 단계를 기반으로 해서 3단계를 추가하여 7단계의 창의적 사고 단계를 제안했다. 욕망의 단계, 준비 단계, 조작 단계, 부화 단계, 암시 단계, 조명 단계, 검증 단계가 그것이다.
③ 로스만(J. Rossman)의 7단계: 역시 월러스의 4단계설을 기반으로 해서 로스만은 710명의 발명가들을 대상으로 탐구했다. 해결이 필요하거나 어려운 문제를 관찰하는 단계, 필요한 것을 분석하는 단계, 가능한 모든 정보를 탐색하는 단계, 모든 객관적 해결책을 형성하는 단계, 제안된 해결책의 장단점을 따져가면서 비판적으로 분석하는 단계, 새로운 아이디어를 창안하는 단계, 가장 유망한 해결책을 검증하고 지금까지의 전반적인 단계를 통해 최종적인 것을 선택하고 완벽하게 하는 단계이다.
④ 존 듀이(J. Dewey)의 5단계: 로스만의 7단계설이나 페이분의 7단계설도 월러스가 제안한 4단계설에 그 뿌리를 두고 있다. 존 듀이도 그의 『사고의 방법』에서 과학자들이 문제에 접근하는 방법을 기초로 창의적 사고의 다섯 단계를 제안했으며 존 듀이의 문제 해결 단계설은 모두 다 수학이나 과학 등 자연 학문을 기초로 구안되었다. 어려움을 감지하는 단계, 반성 활동을 통해 문제를 더 명백하게 정의하는 단계, 가능한 해결 대안의 출현 단계, 가능한 해결책을 분석하는 단계, 해결책을 실험을 통해 검증하는 단계가 있다.
⑤ 오스번(A. F. Osborn)의 7단계: 해결 방침을 결정하는 단계, 준비 단계, 분석 단계, 관념 형성 단계, 숙고 단계, 종합 단계, 평가 단계가 그것이다.
⑥ 모리스 스테인(Morris Stein)의 3단계: 가설 형성 단계, 가설 검증 단계, 의사소통 단계이다.

③ 자료를 이해한 후에는 기존에 하던 일과 전혀 다른 분야의 일을 한다. 아이들의 경우에 공부를 많이 한 경우라면 운동을 하게 하든지 악기 연주 등을 하게 한다. 또한 산책이나 영화 감상, 여행 등도 도움이 될 수 있다. 완전하게 휴식을 취하는 것도 좋다. 이 과정은 굉장히 중요한데, 실제로 창의적 사고가 나타나는 데 핵심 역할을 한다.

④ 직관이나 통찰에 의해서 창의적인 생각이 갑자기 드러난다. 이제까지의 단계를 노력했다면 대부분의 경우 어디선가 불쑥 나타날 수 있다.

⑤ 이러한 처음 생각을 자신이 원하는 방향으로 다듬고 조정해야 한다. 불완전한 부분을 조정하여 다른 요인과 조합하면서 거칠고 불완전한 생각을 실제적이고 유용한 것으로 바꿀 수 있다.

⑥ 즉, 창의적인 사고는 어느 날 갑자기 나오는 것이 아니라 부단한 노력과 훈련을 통해서 계발해야 하는 것이다.

↘ 아이와 함께 생각하기
- 남자 소변기를 '샘'이라고 한 마르셀 뒤샹의 「샘」의 사진을 함께 보고 제목이 왜 '샘'인지 함께 생각해보자.
- 작품의 제목이 '샘'이 아니라면 다른 제목으로 무엇이 좋을지 생각해보자.
- 다음의 사물들을 유심히 관찰해본 후 다른 명칭을 붙여보자.
  · 시계   · 창문   · 학교   · 지하철   · 화장실

✏ 쓰기 연습
↘ 『까마귀 소년』의 뒷부분의 이야기를 만들어서 써보자. 소년이 더 특별한 일을 겪지는 않았는지, 새로운 사람을 만나지는 않았는지 최대한 상상력을 발휘해 이야기의 뒷부분을 꾸며보자.

_____

_____

_____

↘『보이지 않는 소년』의 알려지지 않은, 책에는 나오지 않는 이야기를 상상해서 써보자(새로 전학 온 저스틴의 마음을 추측하거나 담임선생님의 입장에서 새로운 사실을 생각해서 써보면 좋을 것이다).

_____

_____

_____

_____

↘ 까마귀로 직접 삼행시를 지어보자.
  − 의진이의 삼행시
까: 까마귀와 까치가
마: 마을에 내려가서
귀: 귀를 기울이며 마을 사람들의 이야기를 듣는다.

  − 상현이의 삼행시
까: 까르보나라 스파게티를 먹고
마: 마루에 누워서
귀: 귀를 쫑긋거린다.

까: _____

마: _____

귀: _____

🎤 말하기 연습

↘ 경청과 공감의 중요성

『까마귀 소년』에서 이소베 선생님과 같이 타인을 받아들이는 힘은 누군가를 있는 그대로 인정하는 데서 온다. 인간관계에서 때론 말하지 않는 것도 읽어낼 수 있는 능력은 그래서 중요하다. 그리고 그것은 듣기의 힘에서 나온다. 말하는 데 있어서 중요한 것은 듣기이다.

실제로 말하기의 방법 중에 '1·2·3 법칙'이라는 것이 있다. 1분 동안은 말하고, 2분 동안은 듣고, 3분 동안은 맞장구를 치라는 것인데 꼭 시간을 재면서 그렇게 하라는 것은 아닐 것이다. 그만큼 '경청과 공감'이 '말하기'보다 중요하다는 이야기다.

↘ '잘 듣기 게임' 방법

① 가족이나 친구들끼리 4~5명 정도씩 앉는다.

② 각자 순번을 정한다.

③ 엄마가 1번에게 하고 싶은 말을 세 문장 내외로 한다(이때 이 문장을 적어서 앞에 따로 놓아둔다).

④ 1번은 2번에게, 2번은 3번에게, 이런 형식으로 전달한다.

⑤ 최종적으로 들은 사람이 종이에 내용을 쓴다.

⑥ 엄마가 처음에 적어놓았던 내용을 읽고, 차이점을 비교한다.

친구의 씨앗을 심어서 꽃을 피우다
『화요일의 두꺼비』(러셀 에릭슨 글, 김종도 그림, 햇살과 나뭇꾼 옮김, 사계절, 2014)

"친구의 씨앗을 심어서 꽃을 피우다"라는 말은 얼마 전 상현이가 내게 했던 말이다. 상현이는 2학년이 되면서 그동안 살던 서울에서 멀리 떨어진 한 도시의 초등학교로 전학을 했다. 전학을 간 학교는 아파트 단지 내에 있어 때로는 거실 창가에서 서 있으면 아이의 등하교 모습을 그대로 볼 수 있다. 하굣길에 친구들과 장난을 하면서 오는 아이의 모습을 보는 것이 내게는 소소한 즐거움이다. 그런데 어느 날, 아파트의 같은 동에 살고는 있지만 잘 모르는 친구와 다정하게 이야기를 하면서 오는 상현이를 보았다. 언제 그렇게 친해졌냐고 물었더니 "오래전에 친구의 씨앗을 심어서 오늘 꽃을 피웠어!"라고 이야기했다. 오래전 엘리베이터에서 인사를 한 번 하면서 친구의 씨앗을 심었고, 오늘 재미있게 놀았으니 꽃을 피운 것이라는 말이다. 친구란 반드시 나이가 같거나 성격이나 상황이 비슷한 사람일 필요는 없다. 사물이나 동식물과 같이 범위를 넓혀보면 자신과 교감하는 모든 것을 친구로 삼을 수도 있다. 그러면서 우리의 삶은 조금 더 풍성해질 것이다.

대부분 학교에서는 '마니또 놀이'나 친구에게 '감사 편지 쓰기' 그리고 서로 다툰 친구에게 사과하는 '사과 데이' 등의 행사를 한다. 이런 날에는 친구에게 고마움을 표현하기도 하고, 잘못했던 점을 사과하기도 하고, 평소 친하지 않았던 친구에게 작은 선물을 하기도 한다. 상현이도 '마니또 놀이'를 했는데 이때 마니또로 지정된 친구에게 직접 선물을 고르면서 즐거워했다. 그런데 선물을 고르면서 학기 초에 친했다가 사이가 멀어진 친구에게 비밀 친구로 선물을 준비하려는 것을 보았다. 축구를 잘하는 의진이는 얼마 전 수원의 종합운동장에서 축구 시합을 했다. 초등학생들의 시합 가운데 꽤 큰 시합이었다. 그런데 그때 의진이는 상대 팀의 선수 중 잘 아는 친구를 발견했다. 처음에는 친구와 승부를 겨루는 것이 부담스러웠지만 친구와 우정을 지켜가면서 겨루었고, 의진이에게는 소중한 추억이 되었다고 한다. 상현이의 '비밀 친구' 이야기나 의진이의 '상대 팀 친구와의 우정' 이야기를 들으면서 아이들에게 친구라는 존재의 의미가 크다는 것을 다시 한 번 깨달았다.

러셀 에릭슨(Russell Erickson)의 동물 판타지 동화인 『화요일의 두꺼비』에서는 극한 상황에서 만난 올빼미 조지와 두꺼비 워턴의 우정을 잔잔하면서도 흐뭇하게 그리고 있다. 긍정적인 시각으로 세상을 바라보는 두꺼비 워턴은 천적 관계인 올빼미에게 잡아먹힐 위험의 상황에서도 따뜻함을 잃지 않는다. 누군가에게 마음을 열고 친구가 되는 것은 대단하고 큰일로 시작되는 것이 아니다. 그저 마주앉아 따뜻한 차 한 잔과 고소한 쿠키를 함께 먹는 일, 힘들 때 건네주는 초콜릿 하나가 소중하고 의미 있는 것이다. 누군가의 이야기를 들어주는 일과 같이 작은 일로 사람들은 감동하기 마련이다. 실제로 이 책에서 친구가 필요 없다고 이야기하던 조지 역시 워턴과 함께 이야기를 나누고, 같이 차를 마시는 일 등을 통해서 친구의 따뜻함과 만남의 소중함을 깨닫게 된다. 천적인 두꺼비와 올빼미의 이야기를 통해서 세상에 친구가 되지 못할 관계는 아무도 없다는 것을 생각해볼 수 있다.

이 책에서 또 하나 인상적인 우정은 사슴쥐와 관련된 부분이다. 워턴에게 은혜를 입은 사슴쥐는 워턴이 어려울 때 도와준다. 사슴쥐의 친구들 역시 워턴을 위해서 워턴의 친구인 올빼미를 도와준다. 세상은 혼자서 살아가기는 힘들다. 물론 가장 어려운 것이 인간관계이지만 힘들 때 가장 많이 도움을 주는 것도 함께 어울려 사는 사람들이다.

미국 컬럼비아대학의 MBA 과정의 많은 CEO들을 대상으로 "성공에 가장 큰 영향을 준 요인은 무엇인가?"라는 질문으로 설문조사를 했다. 이때 응답자의 93%가 "원만한 인간관계 및 다른 사람과의 공감 능력"이라고 답했다. 또 미국에서 최근 10년간 직장을 잃은 사람들의 해고 사유의 95%가 '인간관계 능력의 부족'이라는 연구결과가 나왔다.[2] 즉, 학위나 자격증 그리고 업무 수행 능력보다 좋은 인간관계와 원활한 소통 능력이 우선이라는 것이다.

이와 같은 연구는 또 있다. 1967년 하버드대학 심리학 교수였던 스탠리 밀그램(Stanley Milgram)은 인간의 '상호연결성'에 관한 연구를 했다. 무작위로 선택된 두 개인 사이를 연결하기 위해서는 몇 단계의 사람들이 필요한지를 실험했다. 결과는 평균적으로 5.5명이라고 나왔다. 여기에서 사람이 6단계만 건너면 연결이 된다는 '6단계의 분리(Six Degrees Of Separation)'가 나온다. 미국 노트르담 대학의 앨버트 바라바시(Alber Barabasi) 교수가 『링크』라는 저서에서 언급했는데, '케빈 베이컨 게임'이라는 간단한 도구를 통해 '6단계의 분리' 이론을 정립했다.[3] '케빈 베이컨 게임'은 한때 미국에서 유행했던 것으로, 케빈 베이컨이라는 배우와 함께 영화에 출연한 관계를 1단계라고 했을 때 다른 할리우드 배우들이 몇 단계 만에 그와 도달할 수 있는지 찾는 게임이다. 대부분의 할리우드의 20만 명의 배우가 대부분 3.65단계 만에 만나게 된다고 한다. 이와 같이 세상의 많은 사람들은 서로 연관되어 있다.

또한 1924년 AT&T사의 자회사인 웨스턴 일렉트릭(Western Electric)사의 호손(Hawthorne) 공장에서 실시한 '호손 실험'의 결과도 주목할 만하다. 작업 환경 개선이 생산성을 올려주는가를 알아보기 위한 실험에서 연구팀은 먼저 작업장의 조명을 밝게 바꿨는데 그 결과 예상대로 생산성이 높아졌다. 그러나 문제는 아무런 변화를 주지 않은 비교 집단에서도 비슷한 생산성 향상이 나타났다는 점

---

2) 'For Gentleman', 매일 경제 신문, 2015. 4. 15 참조.

3) 앨버트 바라바시 지음, 강병남·김기훈 옮김, 『링크』, 동아시아, 2002.

이다. 난관에 봉착한 연구팀은 1927년 전문가인 엘턴 메이오(Elton Mayo) 하버드 대학 경영대학원 교수에게 의뢰했다. 메이오 팀은 노동 시간 단축, 휴식 시간 확대, 간식 제공 등 노동 여건을 개선했고 예측대로 생산성이 높아졌다. 하지만 뜻밖의 결과도 있었다. 노동 조건을 원래대로 돌렸을 때 역시 생산성이 떨어지지 않았던 것이다. 메이오는 실험의 주역으로 선발됐다는 여성 근로자들의 자부심이 어떤 경우에서도 고효율을 낳은 요인이라고 결론을 내렸다.

이 실험들은 조직 내에서의 인간관계의 중요성을 규명하는 데 크게 기여했다. 어떤 조직에 있어서 물리적인 조건보다는 집단에 대한 소속감이나 상사나 동료로부터의 인정 등과 같은 인간의 심리적 조건의 변화가 생산성을 높이는 데 매우 중요하다는 것이다. 이 연구결과는 모든 인간관계와 의사소통의 중요성을 강조했으며, 이것이 사회적인 능률에도 큰 영향을 미친다는 것을 밝혀냈다.

누군가를 그대로 믿고 사랑해주는 일은 어려울 수도 있고 쉬울 수도 있다. 그러나 그 믿음은 한 사람의 일생에 지대한 영향을 미칠 수 있다. 친구는 가족을 제외한 인간관계 중에서 아주 가까운 관계이다. 우리가 모든 지인을 친구라고 하지 않는 까닭이다. 천적도 친구로 만들었던 두꺼비 워턴에게 우리가 배워야 할 점은 타인에 대한 긍정적인 기대와 협력 그리고 상대방에 대한 정중한 예의, 경청, 존중과 배려, 인색하지 않기, 상대방의 부족한 부분을 채워주려는 노력 등의 덕목이다.

누군가와 친구가 되는 일은 하나의 세계를 얻는 것이다. 그리고 그것을 얻는 데에는 그만큼의 노력과 사랑이 필요하다.

엄마와 아이가 함께 해요

● ●

📖 책을 읽기 전에

📞 엄마와 아빠가 어릴 적 친구와 찍었던 사진들을 보고 함께 이야기를 나눈다.

📖 책을 읽고 나서

💬 생각 연습

↘ 케빈 베이컨 게임을 해보자. 잘 알려진, 만나고 싶은 누군가를 떠올려 보고, 그와 몇 단계에서 만날 수 있는지 생각해보자.

아이 이름 □□□ → 가장 만나고 싶은 사람의 이름 □□□

Tip. 케빈 베이컨 게임

'케빈 베이컨 게임'이라고 흔히 알려진 이 게임은 한때 미국의 대학에서 유행했던 게임이다. 케빈 베이컨은 할리우드에서 활동하는 배우로, 이 게임이 유행했을 당시에 20여 년 동안 50여 편의 영화에 출연했다고 한다. 이 게임은 그와 다른 배우들이 몇 단계 만에 만날 수 있는지 찾는 게임이다. 한때는 이 게임 때문에 영화가 끝나고도 자막 속 출연한 배우 이름을 보느라고 사람들이 극장에서 한참을 머물렀다고 한다.

✏️ 쓰기 연습

↳ 이 책의 마지막 부분에는 올빼미 조지가 두꺼비 워턴에게 보내는 편지가 있다. 편지를 읽고 두꺼비 워턴의 입장에서 답장을 써보자.

> 워티!
> 드디어 화요일, 내 생일이야.
> 오늘 저녁 식사 후에는 네가 제일 좋아하는 노간주 열매 차를 마시자.
> 내가 숲에서 구해올게.
>
> 화요일에
> 너랑 친구가 되고 싶은 조지가[4]

↓

_____

_____

_____

Tip. 편지 쓰기

편지 쓰기는 자신의 생각과 감정을 상대방에게 전달하는 글로써 학교에서도 평소에 자주하는 글쓰기 활동이다. 대부분의 아이들이 '어버이날'이나 '스승의날' 행사 때를 비롯해서 많이 하기에 비교적 익숙한 글쓰기 유형이다.

편지는 받을 사람과 쓰는 목적이 정확하고 정해진 형식 안에서 글을 구성해서 쓸 수 있다. 읽는 대상이 정해져 있기에 편지를 받는 이의 호칭과

---

4) 러셀 에릭슨 글, 김종도 그림, 햇살과 나뭇꾼 옮김, 『화요일의 두꺼비』, 사계절, 2014, 118쪽.

함께 부르는 말로 시작한다. 우선 첫인사를 하고, 말하고 싶은 사연인 내용을 쓰고 그리고 끝인사를 쓰는 것이 좋다. 이때 내용 부분에서 자신이 하고 싶은 말을 하는데, 이 부분에서 편지를 쓴 목적이 잘 드러나야 한다. 마지막 오른쪽 부분에는 날짜와 보내는 사람 이름으로 마무리를 한다.

↘ 이 책 속에 나오는 가장 마음에 드는 문장을 그대로 써보자.

_____

_____

🎙 말하기 연습

↘ 역할극 하기

『화요일의 두꺼비』의 한 부분을 가지고 친구와 낭독 연습을 해보자. 먼저 다음의 발췌한 부분을 잘 읽어보고 내용을 이해한다. 연습을 하기 전에 그 인물의 성격이나 상황에 대해 말하고 시작한다. 이 연습은 인물의 성격과 사건을 정확하게 파악하고 표현하는 능력을 길러준다. 내레이션, 올빼미, 두꺼비, 사슴쥐들의 역할을 맡아서 그 인물의 감정에 맞추어서 낭독해보자. 만일 인원이 부족하다면 한 사람이 두 역할을 맡아도 된다.

몸속 깊은 곳에서 조그만 덩어리가 왈칵 치밀어 오르는 듯 목이 꽉 메었습니다.
"나랑 친구가 되었으면 좋겠단 말이니?"
올빼미는 고개를 끄덕였습니다.
그러자 워턴은 팔짝팔짝 뛰어, 올빼미가 얼굴을 돌린 쪽으로 갔습니다.
"나도 너랑 친구가 되면 참 좋을 것 같아, 조지."
워턴을 내려다보는 올빼미의 상처투성이 얼굴에 함박웃음이 환하게 번졌습니다.
"음, 좋아! 아주 좋아! 다시는 두꺼비를 잡아먹지 않겠다고 약속할게."

올빼미는 주위에 있는 씨이와 그의 친구들을 돌아보며 말했습니다.

"사슴쥐들도 마찬가지야."

"야호!"

사슴쥐들이 환호성을 질렀습니다.

"온몸이 쑤시고 아프긴 하지만, 널 툴리아 고모 집까지 데려다줄게."

워턴은 올빼미의 등에 폴짝 올라타고는 사슴쥐들에게 큰 소리로 고맙다고 인사
했습니다.[5]

↘ 그다음 역할을 정해서 맡은 사람의 이름을 써보고, 글의 내용을 이해한
대로 간단하게 써보자. 그리고 인물의 성격도 생각한 대로 써본 후에 감정을
넣어서 낭독해보자.

- 역할 정하기

· 두꺼비 워턴: _____

· 올빼미 조지: _____

· 사슴쥐들: _____

· 내레이션: _____

- 이 글의 내용 이해와 각 인물들 간의 성격 파악하기

· 글의 내용 이해: _____

· 성격 파악하기

두꺼비 워턴: _____

올빼미 조지: _____

---

5) 러셀 에릭슨, 위의 책, 115~117쪽.

봄, 새로운 시작

사슴쥐들: _____

- 인물의 성격에 맞게 낭독하기
· 두꺼비 워턴: 워턴의 성격과 행동을 생각해서 상황에 맞게 표현한다.
· 올빼미 조지: 내가 만약 '조지'라면 어떨까 생각하면서 표현한다.
· 사슴쥐들: 친구를 사랑하는 사슴쥐들의 성격이 잘 표현되도록 한다.
· 내레이션: 친절하고 부드러운 목소리로 정확하게 낭독한다.

✖✖ 의진이와 상현이의 함께하는 책 놀이: 음식 만들기

『타샤의 특별한 날』을 읽고 만든 '행복으로 구운 피자'
『타샤의 특별한 날』(타샤 튜더 글·그림, 공경희 옮김, 윌북, 2014)

음식과 책은 비슷한 점이 아주 많다. 우선 둘 다 우리의 신체나 정신을 구성하는 요소가 된다. 몸속이나 머릿속으로 들어가서 우리의 몸과 생각을 만든다. 어떤 것을 넣었는가에 따라 우리는 건강한 사람과 그렇지 못한 사람이 된다. 이것이 좋은 음식을 먹고 좋은 책을 읽어야 하는 이유다. 또한 음식을 만들고 책을 읽는 과정에서도 자기만의 생각이나 손맛이 들어가서 세상에 하나밖에 없는 해석과 단 하나뿐인 맛을 내는 요리가 된다.

타샤 튜더(Tasha Tudor)의 『타샤의 특별한 날』은 1977년에 발표된 작품으로 1월부터 12월까지 미국에서 지켜지는 행사들에 관한 이야기다. 놀이와 음식 이야기를 곁들여 일상의 소소한 기쁨을 느낄 수 있는 책이다. 삽화는 아름답고 글은 평안하다. 첫 장을 펼치면 두건을 쓴 한 소녀가 흔들의자에 앉아 뜨개질을 하는 할머니에게 다가가 묻는다. "할머니, 엄마가 저만할 때는 어땠어요?"라고. 할머니는 1월부터 12월까지의 행사에 대해서 차근차근 알려준다.

모든 이야기는 할머니가 직접 겪은 경험담이라 더욱 소중하다. 한 해가 끝나는 날에 모닥불 곁에서 춤을 추는 이들은 우리를 즐겁게 하고, 눈이 내리는 새해 첫날 쇠고기 구이와 푸딩을 준비하는 내용을 읽으면 따스한 분위기가 그대로 전해지는 듯하다. 밸런타인데이에는 참새 우편으로 카드를 만들어 보내고, 3월이 되면 달콤한 메이플 시럽 만들기 축제를 한다. 부활절에는 부활절 달걀로 트리를 만들고 십자가 모양의 빵을 먹기도 한다. 독립기념일에는 가족들과 함께 불꽃놀이를 구경한다. 또 추수감사절에는 친척들이 몰려와 아이들은 헛간에서 잠을 청해야 했다고 할머니는 이야기한다. 그러나 그 기억이 마냥 즐겁기만 했다고 회상한다. 이처럼 할머니의 이야기 속 날들은 흥미롭고, 책 속 모든 그림이 너무 아름다워서 페이지를 넘기기가 힘들 정도다.

이 책을 읽으면서 특히 강물에 띄운 생일 케이크 받기와 크리스마스에 오솔길을 따라 숲 속의 아기 구유로 걸어가 경배하는 것이 인상 깊었다. 한번 따라 해보고 싶은 것들이다. 타샤 튜더는 이처럼 매일매일을 축제처럼 살 수도 있음을 깨닫게 해준다. 또 마치 시처럼 부드럽고, 자장가와도 같이 나긋한 이야기는 우리를 평안하게 해준다. 보랏빛 꽃이 있고, 다정한 이웃이 있고, 반가운 선물이 있기 때문이기도 하다.

타샤 튜더는 1915년 미국 보스턴에서 태어났다. 그녀의 아버지는 조선 기사였고 어머니는 화가였다. 그녀는 23세 때 첫 그림책 『호박 달빛』을 출간하는 것을 시작으로 평생 100여 권의 그림책을 냈다. 또한 『1 is one』등으로 콜더컷 상(Caldecott Medal)을 두 번이나 받았다.

56세 때부터 버몬트 주 시골에서 넓은 정원을 가꾸며 살아온 그녀는 고유한 삶의 방식으로 더 잘 알려졌다. 요리법을 엿볼 수 있는 『타샤의 식탁』에는 따뜻하고 건강한 음식이 가득하다. 좋아하는 글과 아름다운 그림으로 만든 『타샤의 그림정원』 안에서는 포근한 자연과 사랑스런 아이들의 노랫소리가 들리는 듯하다. 그녀의 정원에서는 삶에 대한 기쁨과 감사를 느낄 수 있다. 타샤는 93세로 세상을 뜰 때까지 직접 정원을 가꾸고 농사를 지으며, 베틀에서 옷감을 짜면서 지냈다. 난방과 취사는 모두 장작을 지펴서 해결했다. 염소의 젖을 짜서 아이스크림이나 버터 그리고 치즈 등을 만들어 먹기도 했다. 타샤가 가꾼 영국식 정원은 온갖 꽃과 나무로 가득했다. 레몬 빛이 상큼한 수선화와 꽃잎이 탐스러운 작약, 색이 화려한 튤립 등과 매일 함께했다. 그녀는 자연에서 평안하고 진실한 삶을 누렸을 것이다. 그곳에서 수십 마리의 새와 거위 가족, 비둘기, 닭, 개, 고양이들과 친구로 지냈다. 낮에는 캐모마일 차를 마시고, 밤이면 개똥지빠귀의 노랫소리를 들으며 정원에서의 삶을 즐겼다. 그리고 그 정원 속의 꽃과 동물들을 자신의 그림책에 그려 넣었다. 그녀는 평범한 일상을 자세히 바라보고, 사랑하고, 즐기는 삶을 살았다. 그리고 거기에서부터 행복은 시작된다고 생각했다.

나는 겨울에 여름을 아쉬워하지 않는다.
셰익스피어가 잘 말했다.
"5월의 새로운 환희 속에서 눈을 그리지 않듯, 크리스마스에 장미를 갈망하지 않는다."
바로 그렇다.
모든 것에 제철이 있는 법.

여름엔 장미가 피고
겨울엔 눈꽃이 피듯
주어진 상황을 아름답게

–타샤 튜더, 『타샤의 행복』 중에서[6]

행복은 지금 이 순간을 오롯이 인정하고 사랑하는 것이라고 '행복한 사람 타샤'는 우리에게 이야기한다. 지금 내가 서 있는 이 자리가 가장 아름다운 것이라고 말이다. 그리고 내 옆에 있는 이가 가장 소중한 사람이라고.

의진이와 상현이는 이 책을 함께 읽고, 우리나라의 절기를 알아보고 절기별 특성이나 음식들도 알아보았다. 그리고 절기별이 아니더라도 자신만의 특별한 날에 만들고 싶은 요리를 해보고 싶어 했다.

---

6) 타샤 튜더 지음, 공경희 옮김, 『타샤의 행복』, 윌북, 2014, 166쪽.

책을 읽고 음식을 만드는 과정

① 의진이와 상현이가 정해진 책을 읽는다.

② 책에서 이야기한 것과 같이 우리나라의 절기들도 알아본다. 그리고
   가족의 특별한 날도 알아본다.

③ 어떤 날로 정할까 서로 의논한다(이때 의진이와 상현이는 특별한
   날을 곧 다가올 '할아버지 생신날'로 정했다. 그리고 요리는 모두가
   좋아하는 피자를 만들기로 했다).

④ 생신날 아침에 피자를 만든다.

⑤ 요리의 이름을 '의진이와 상현이가 행복으로 구운 피자'로 정한다.

⑥ 할아버지께 생신을 축하드리면서 대접한다.

PART 2

여름,
배움의
숲으로 가자

이제 여름이 왔다.
따듯하고 아름다운 여름이.

한스 크리스티안 안데르센(Hans Christian Andersen)

배움의 기쁨

공부가 재미있어요!
『구구단 왕자』(하마노 유카 글·그림, 김숙 옮김, 북뱅크, 2013)

　경쾌하고 아름다운 계절, 여름이다! 멀리 보이는 산은 녹음으로 우거지고, 나무는 풍성한 잎을 자랑한다. 매미의 울음소리가 하늘까지 빼곡하게 들리는 계절이다. 민소매를 입은 아이들이 물총놀이를 하며 달리고, 거리에는 빙수를 파는 가게들이 늘어날 때 우리는 여름이 왔음을 느낀다.

　그리고 이 시기에 대부분의 학교에서는 시험을 치르게 된다. 그래서 아이들이 공부에 조금 더 관심을 기울이는 때이기도 하다. 많은 연구에서 사교육을 받는 것보다 자기 주도 학습을 하는 것이 중요하다는 결과가 나왔다. 사교육의 성적 향상은 투자량이 많아지고 학년이 올라갈수록 감소한다고 한다. 그 효과 역시도 단기성을 띈다고 한다. 실제로 사교육을 했을 때보다 자기 주도 학습을 했을 때 수능 점수의 향상 효과가 더 높은 것으로 분석되었다. 자기 주도 학습을 중장기적으로 했을 경우에는 향후 대학의 학점, 최종 학력, 평균 임금과 같은 면에서도 사교육을 받은 아이들보다 우수하게 나타난다.[1] 물론 개인 간 능력이나 환경적인 요소 등의 편차는 분명히 존재할 것이다. 그리고 초등학생의 경우 자기 주도 학습을 하는 것이 대부분은 어렵기 때문에 이 연구

---

1) 김희삼, 「학업 성취도, 진학 및 노동시장 성과에 대한 사교육의 효과분석」, kdi 연구보고서, 2010. 5.

결과에서 예외이다. 그러나 아이들의 학업에 대한 장기적인 계획을 세울 때 고려해봐야 하는 요소임에는 틀림없다.

매주 학교에서 치르는 받아쓰기 시험에 제법 익숙해지는 것도 이때쯤이다. 이 시험이 크게 중요한 것은 아니지만 점수에 신경을 쓰는 아이들이 많다. 시험 결과에 따라 자기 자신에 대한 인식이나 주위 반응이 달라질 수도 있기 때문이다. 받아쓰기 시험은 말 그대로 단어나 문장을 듣고 그대로 쓰는 연습이다. 학기 초에 선생님은 급수 표를 나누어주고, 아이들은 대부분 일주일간 연습을 한 후 정해진 요일에 시험을 치른다. 급수 표는 한 학기 것을 받는데, 15주나 16주의 분량이다. 이것을 받아보면 의외로 어려운 받침과 띄어쓰기, 문장부호 등에 아이와 엄마는 혼란스럽기도 하다. 매일 시간을 정해놓고 한 번씩이라도 써보거나 모의시험을 치러보면 좋은 성적을 받을 수 있다.

받아쓰기로는 단순히 글자만을 익힐 수 있는 것이 아니다. 급수 표의 문장들은 국어 시간에 이미 배웠거나 배울 내용들로 이루어져 있다. 그것을 한번 써봄으로써 학습에 대한 흥미를 갖게 될 수도 있다. 그러나 대부분의 급수 표가 체계적으로 이루어져 있진 않다. 그래서 한글의 기본 원칙이나 맞춤법, 문장부호, 띄어쓰기에 대해 체계적으로 공부를 해보는 것도 좋다. 이러한 훈련은 아이가 일기나 독서록이나 편지글 등의 다른 여러 종류의 글을 쓸 때도 유용하다. 받아쓰기를 할 때는 글자 한 자 한 자를 또박또박 정확하게 쓰는 것이 중요하며, 글씨를 쓰는 데 어려움이 있는 아이가 있다면 연필에 끼울 수 있게 만들어진 보조 도구를 이용하면 된다.

국어는 모든 교과의 기본이다. 읽고 쓰고 말하는 능력은 아이가 앞으로도 공부를 해나가고 사회적인 관계를 맺을 때 기본이 된다. 국어 교과서는 국어와 국어 활동으로 구성되어 있는데, 각각 두 권의 책으로 나뉘어져 있다. 국어 교과의 목적은 아이의 말하기, 듣기, 읽기, 쓰기의 각 영역을 골고루 향상시키는 것으로 아이와 함께 학습 목표를 읽고 목표 위주로 정확히 이야기해주는 것이 좋다. 그러나 국어 공부를 별도로 하는 것보다는 다양한 책을 꾸준히 읽게 하는 것이 좋다. 또한 학기 초에 국어 교과서를 한 권 더 구입해서 엄마와 함께 먼저 읽어보는 것도 좋다. 누구나 자신의 목소리를 가장 잘 인식하고 기억하므로 아이가 스스로 크게 읽어보도록 하는 것이 좋다. 그러나 아이가 읽는 것을 싫어하면 엄마가 읽어주는 것도 한 방법이다. 엄마가 읽어주면 아이의 정서와 교감에도 좋지만 책의 내용을 이해하고 뒷부분의 이야기를 자연스럽게 상상하는 데 도움이 된다. 부모가 책을 많이 읽어준 아이는 대개 말과 글의 구조를 자연스럽게 터득하게 된다.

수학 교과의 경우에는 학교에서 교과서로 공부를 하고 단원이 끝날 때마다 익힘 책을 푸는 것을 숙제로 받아온다. 수학을 좋아하는 의진이의 경우에는 엄마와 함께 일상에서 연산이나 구구단 등으로 수학 놀이를 많이 한다. 마트에서 물건을 사면서 계산을 하는 것, 말로 하는 연산 놀이, 퍼즐, 블록, 보드게임 등을 이용해서 일상에서 수학을 배운다. 의진이는 그러한 과정을 통해서 수학이 쉽고 가까운 것이라고 인식하게 되었다.

하마노 유카(浜野 優花)의 『구구단 왕자』는 수학을 싫어하는 대부분의 아이들의 모습을 그대로 그리고 있다. 수학을 아주 싫어하는 숫자 나라의 곱하기 왕자는 마법사의 지팡이를 빼앗아서 구구단을 사라지게 한다. 구구단이 사라진 후 마을 사람들은 쉽게 계산을 하지 못하자 큰 혼란에 빠진다. 왕자는 사라진 숫자를 되찾아오라고 명령하지만 마법을 건 왕자만이 마법을 풀 수 있다. 어쩔 수 없이 곱하기 왕자는 먼 숫자의 숲을 향해 여행을 떠난다.

이 책은 왕자와 함께 숫자의 숲을 여행하는 사이에 자연스럽게 구구단을 익힐 수 있도록 만들어졌다. 그리고 왕자가 그렇게도 싫어하는 구구단이 우리 생활에서 어떻게 쓰이는지를 알려준다. 구구단 왕자는 그 과정을 통해서 수학이 우리 생활에 꼭 필요하다는 것을 깨닫게 된다. 필요성에 대해 깨닫게 되는 순간은 참 중요하다. 수학을 어려워하는 아이들에게도 이와 같은 필요성을 인식하게 해주는 것이 좋다. 이렇게 수학적인 개념을 이야기 형식으로 접근해서 수학적 요소를 설명하는 것이 도움이 된다.

초등 수학이 스토리텔링 수학으로 바뀌었지만, 그 핵심은 변하지 않았다. 수학적인 개념과 원리를 이해하고 연산을 꾸준히 푸는 것이 중요하다. 일상에서 아이들이 스스로 즐길 수 있고, 수학 능력을 향상시킬 수 있는 보드게임 등을 하는 것도 좋다. 이 시기에 할 수 있는 대표적인 게임은 퍼즐로는 '소마큐브(Soma Cube)'나 '칠교놀이' 등이 있다. 연산 보드게임으로는 '할리갈리(Hally Gally)'가 있고, 사고력을 키우는 것으로는 '아발론(Avallon)'과 같은 것들이 있다. 아이에게 가장 잘 맞는 것을 고르고 가족이 함께 게임을 하는 것이 좋다. 이러한 게임을 함으로써 수학적인 사고력과 문제 해결 능력이 향상될 수 있다. 더불어 연산, 도형, 분수, 확률 등의 수학적 지식을 얻을 수 있다. 주입식으로 연산 방법과 공식을 외우게 하는 것도 때론 필요할 것이다. 그러나 이와 같이 친구나 가족들과의 게임을 통해서 재미를 느끼며 스스로 깨우칠 수 있게 하는 것도 좋다. '할리갈리'와 같은 경우에는 숫자를 더해서 '5'를 먼저 알아내는 사람이 카드를 갖는 방식으로 진행된다. 빠른 연산 실력과 더불어서 집중력과 민첩성도 기를 수 있다. 이러한 게임들을 통해서 아이들은 자신이 이해한 원리를 다양하게 적용하고 수에 대한 감각을 기르게 될 것이다.

1, 2학년 연산에서 가장 중요한 것은 덧셈과 뺄셈 그리고 간단한 구구단이다. 이 모든 것의 공부를 아이의 수준에 맞게 진행하는 것이 중요하다. 아이가 너무 느리다고 조급해한다거나 너무 높은 단계의 문제를 푸는 것보다는 기초를 단단하게 다져나가는 것이 중요하다. 구구단의 경우에는 늦어도 2학년 여름방학까지는 외우는 것이 좋다. 2학년 2학기가 시작하고 얼마 지나지 않아서

곱셈 수업을 하기 때문이다. 아이들이 구구단을 외우다보면 처음에는 2단과 5단을 가장 쉽게 외운다. 그래서 외우는 순서를 2단, 5단, 3단, 4단의 순서로 하는 것이 좋다. 구구단은 낭독을 해서 외우는 것이 가장 일반적이다. 또한 아침에는 커다란 도화지의 앞면에 2단부터 5단까지 써보고, 저녁에는 뒷면에 6단부터 9단까지 써보게 하는 것도 도움이 된다. 쓸 때는 아이가 좋아하는 색의 색연필로 사용할 수 있게 해도 좋다. 대부분의 아이들은 8단을 외우기가 가장 어렵다고 한다. 그럴 때는 8단만 한 번씩 더 쓰게 하는 것도 좋은 방법이다.

아이들은 마음껏 뛰어놀아야 한다. 그러나 현실의 생활은 그렇지 못하다. 대부분의 아이들은 학교가 끝나면 학원을 갔다가 집으로 온다. 이러한 생활 패턴이 반복되기에 아이들이 즐겁게 공부할 수 있는 방법을 찾는 것이 중요하다. 중복되는 단순한 학습보다는 기본에 충실하고 교과 과정의 학습 목표를 정확하게 이해해야 한다. 그래서 스스로 즐겁게 공부할 수 있도록 부모가 도와주어야 한다. 규칙적인 시간을 정해서 가족이 함께 공부하는 시간을 갖는다면 공부에 대한 좋은 인식을 갖게 될 것이다. 또 교과서를 먼저 살펴보고 연계해서 할 수 있는 활동이나 여행을 해보는 것도 좋다. 다양한 체험을 통해 세상을 많이 보고 느낀다면 아이는 학교 수업에 훨씬 더 흥미를 갖고 재미있게 공부할 수 있을 것이다.

엄마와 아이가 함께 해요

📖 책을 읽기 전에

↳ 아이에게 '공부'를 하는 것의 장점이 무엇인지 물어본다.

↳ '아발론'이나 '할리갈리' 등의 보드게임을 아이와 해본다.

↳ '받아쓰기'와 관련된 다음의 시를 감상한 후 아이와 '한길이가 왜 눈물을 흘렸을까'를 생각해보고 이야기를 나누어본다.

우리 반 한길이
선생님한테 한글 이야기 듣더니
눈물을 글썽인다.

세종대왕과 집현전 학자
한글 만드느라 고생한 대목에서

그냥 눈물이 나왔단다.
우리 반에서
받아쓰기 가장 못하는 한길이가
한글 만든 이야기에
눈물을 흘리고 있다.

─최종득, 「한글」 전문[2)]

📖 책을 읽고 나서

💬 생각 연습

'생각그물(Mind Map)'은 심리학자 토니 부잔(Tony Buzan)이 창안해낸 생각 방법으로 생각을 그림으로 펼쳐내는 활동이다. 이 활동으로 자신의 머릿속에 있는 모호하고 표현되지 않았던 부분의 생각까지도 알아낼 수가 있다. 즉, 마음속에 떠오르는 생각들을 그물처럼 자유롭게 적는 것이다. 초등학교에서도 많이 하고 있어서 아이들에게 비교적 익숙하다.

방법은 먼저 동그라미를 그리고 무엇에 대해 생각을 펼쳐나갈지 핵심 주제를 정한다. 이것을 '중심 이미지'라고 부른다. 그것을 동그라미 안에 써넣는다. 여기에서 가지를 3~5개 정도 뻗어서 좀 더 구체적인 낱말이나 문장을 적는다. 이 가지를 '주 가지'라고 한다. 각각의 주 가지에서 다시 3~5개의 보조 가지를 그려서 연상되는 낱말을 다시 세부 가지로 뻗어나가게 한다. 가지를 그릴 때 각각의 가지들은 색깔을 다르게 하는 것이 효과적이다. 완성된 문장보다는 낱말로 적는 것이 다른 낱말을 연상하는 데 효과적이다. 시간은 5분 이내로 제한해야 한다.

---

2) 최종득, 『쫀드기 쌤 찐드기 쌤』, 문학동네, 2014.

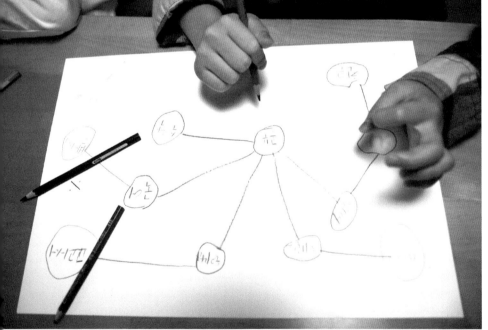

방법을 두 가지로 제시한다. 두 가지 방법 중에서 아이에게 더 적합한 것으로 만들어보자.

① 주제어를 종이 한가운데에 적는다.

② 주제어에서 떠오르는 큰 주제를 연결해서 각 가지들에 써넣는다.

③ 각 주제에서 연상되는 내용을 세부 가지들에 써넣는다.

④ 아이가 연령이 어리다면 주제에서 주 가지만 만들어도 좋다.

ↄ '공부'라는 주제로 주 가지와 보조 가지를 많이 이용해 생각그물을 만들어보자.

ↄ 주 가지만 이용해 '여름방학 일정표'라는 주제로 생각그물을 만들어보자.

✏ 쓰기 연습

↳ '공부'라는 주제로 주 가지와 보조 가지를 많이 이용한 경우는 생각그물에서 연결한 낱말로 문장을 만든다. 위에서 가지가 많은 쪽에 다른 색의 색연필로 동그라미를 치고 자신의 의견을 찾는다. 또는 가지를 가장 많이 친 쪽부터 동그라미를 그리고 번호를 매긴 뒤 무엇을 글의 주제로 삼을 것인가 생각한 후 글을 쓴다. 이것은 생각 묶기 활동으로 '다발 짓기'라고 한다. 이 '다발 짓기'를 통해서 의견을 적어보자.

공부는 ＿＿＿＿＿＿＿＿ 이다. 왜냐하면 ＿＿＿＿＿＿＿＿＿＿ 기 때문이다.

↳ '여름방학 계획'이라는 주제로 생각그물을 한 경우 주 가지에 써놓은 일들을 시간의 순서대로 연결해서 문장을 만들어보자. 6개의 주 가지가 있을 경우에는 다음과 같이 쓸 수 있다.

나는 아침 여덟 시에 일어날 것이다. 식사를 하고, 책을 읽고, 수학 연산을 한다. 그 후에는 자전거를 타고 강변을 달린다. 영어 학원을 갔다가 친구들과 놀이터에서 논다.

＿＿＿＿＿＿＿＿＿＿＿＿＿＿＿＿＿＿＿＿＿＿＿＿＿＿＿

＿＿＿＿＿＿＿＿＿＿＿＿＿＿＿＿＿＿＿＿＿＿＿＿＿＿＿

＿＿＿＿＿＿＿＿＿＿＿＿＿＿＿＿＿＿＿＿＿＿＿＿＿＿＿

＿＿＿＿＿＿＿＿＿＿＿＿＿＿＿＿＿＿＿＿＿＿＿＿＿＿＿

🎤 말하기 연습

↘ 보여주고 말하기(Show and Tell)

'공부'와 관련된, 자신이 소중하게 생각하는 물건을 보여주면서 이야기를 한다. 방법은 다음과 같다.

① 교구나 연필, 지우개, 필통, 공책, 책 등 공부와 관련된 물건 중에서 자신이 소중하게 생각하는 물건을 고른다.

② 1분 동안 자신의 이름과 그 물건을 선택한 이유, 사연 등을 소개한다.

Tip 1. **말하기의 기술**

― 말하기에도 '처음―중간―끝'의 구조 짜기가 중요하다.

― 말하기에서는 기술보다 내용이 더 중요하다. 자신이 가장 잘 알고 있고 좋아하는 내용을 이야기하면 자신감을 갖게 된다.

― 평소에 항상 메모가 필요하다. 주위의 것들을 기록하면 이야깃거리가 풍부해져서 소재가 다양해진다.

발표는 한 사람이 여러 사람의 앞에서 자신의 생각을 말하는 방식으로 진행되며, 목적은 정보 전달과 설득이다. 먼저 자료를 준비해서 발표 주제를 이해하고, 핵심이 되는 내용 위주로 이야기를 만든 후, 정리한 내용을 가지고 연습한 후 발표를 한다.

아무리 짧은 발표라도 '처음-중간-끝'의 3단 구성으로 하면 좋다. 인사와 자기소개를 하면서 주제를 제시하고, 내용을 전개한 후에 끝부분에서는 요약, 느낌이나 감상, 앞으로의 계획 등을 말하는 것이 일반적이다.

책 먹는 여우에게 배우는 읽고 쓰기의 방법

『책 먹는 여우』(프란치스카 비어만 지음, 김경연 옮김, 주니어 김영사, 2001)

"잼을 만들면서도 셰익스피어를 읽을 수 있다"라고 이야기한 타샤 튜더[3]와 같이 책 읽기가 일상의 한 부분이 되는 것은 지극한 행복이다. 프란치스카 비어만(Franziska Biermann)의 『책 먹는 여우』의 주인공인 여우 역시 책이 없으면 살 수가 없다. 그런데 이 여우가 다른 이들과 다른 점은 책에 소금과 후추 등으로 자신만의 양념을 한다는 것이다. 여기에서 말하는 양념이라는 것은 아마도 이제까지 우리가 살아온 경험이나 지식 등 자신만의 시각일 것이다. 엄밀히 말하면 세상에 완전히 똑같이 해석이 되는 책은 없다. 책을 읽는 것은 저자와 독자와의 대화이다. 저자의 질문에 대한 독자의 대답이라고도 말할 수 있다. 그런데 독자의 체험이나 경험으로 형성된 사전 지식, 즉 스키마(Schema)[4]는 제각각 다르다. 스키마는 지각과 대상과의 관계를 해석하는 데 쓰인다. 사람의 지각, 즉 느낌이나 생각은 각각 다르기에 완전히 똑같이 해석되는 책은 없다는 것이다.

책을 읽고 자기만의 방법으로 해석하는 것으로는 독서록 쓰기가 있다. 읽은 후 그 내용이나 느낀 점 등을 기록하는 것이 바로 독서록이다. 아이들은 책을 읽은 후 여러 가지 방법으로 독서록을 쓴다. 하지만 독서록이라는 것이 실제 아이들의 즐거운 책 읽기를 방해할 수도 있다. 다만 자신만의 책 읽기를 할 수

---

3) 타샤 튜더 지음, 공경희 옮김, 『행복한 사람 타샤 튜더』, 월북, 2014.

4) 스키마(schema)라는 용어는 영국의 심리학자 바틀릿(Bartlett, 1932)에 의해서 심리학에서 가장 먼저 사용되었으며, 사전에 획득된 배경 지식의 단위들을 말한다. 이후 인지의 구성단위는 스키마의 집합형인 스키마타(schmata)이고, 이 요소를 기초로 해서 모든 정보 처리가 이루어진다고 규정되었다(남제영, 2006). 김유검, 「영어 독서 습관의 환경조성 사례 연구」, 영남대학교 교육대학원 석사학위논문, 2008, 8쪽 참조.

있고, 읽은 내용을 정리한다는 측면에서는 긍정적으로 바라볼 수 있다. 독서록을 쓰는 이유는 책을 읽은 후 생각을 정리하고 높은 수준의 독해를 위해서이다. 읽기 연구가들은 독해는 4단계를 가진다고 한다. 사실적 독해, 추론적 독해, 비판적 독해, 창의적 독해가 그것이다.[5] 독서록 쓰기는 창의적인 독해를 할 수 있는 좋은 방법이다. 정독을 할 수 있고 생각의 기본을 만들 수 있기 때문이다. 또한 책을 읽고 난 후의 느낌이나 정보 등을 생활에 적용할 수도 있다.

독서록을 쓰려면 우선 아이가 좋아하고, 재미있어 하고, 흥미를 갖는 책을 고르는 것이 중요하다. 그리고 자세히 읽어야 한다. 표지, 차례, 머리말 등을 포함해서 책을 꼼꼼히 읽어야 좋은 글을 쓸 수 있다. 작가를 살펴보는 것도 중요하다. 읽다가 마음에 드는 문장 등이 있으면 공책 한 권을 따로 마련해놓고 옮겨 적어도 좋다. 이와 같은 방법으로 간단하게 줄거리를 요약해서 정리하고 감상을 적는다. 감상에는 느낀 점, 질문, 자신의 생각 등이 포함되어야 한다. 그것을 바탕으로 '처음, 중간, 끝'의 구조로 글을 쓴다. 독서록의 형식 또한 단순한 감상문 이외에도 여러 가지가 있다. 편지나 일기, 동시, 독서 퀴즈 형식으로도 쓸 수 있다. 또 만화나 주인공에게 상장 수여하기, 인터뷰하기, 이야기 바꿔 쓰기 등도 있을 수 있다. 그 외 아이가 책을 읽고 표현하는 어떤 방식이라도 독서록을 사용할 수 있다.

『책 읽는 여우』의 이야기는 흥미롭다. 책을 좋아하는 여우가 책을 먹을 수 없게 되자, 도서관에 가서 몰래 책을 갉아 먹는다. 계속되는 여우의 이러한 행위는 사서에게 발각되고, 책을 먹지 못하게 된 여우는 동네 서점에서 책을 훔치게 된다. 결국 감옥에 가게 된 여우는 그곳에서도 책이 너무 읽고 싶어서 자신의 책을 쓴다는 이야기다. 여우가 쓴 책은 많은 이들의 사랑을 받게 되고 좋

---

5) 한우리독서문화운동본부 교재 집필위원회, 『독서교육론 독서논술 지도론』, 위즈덤북, 2005, 31쪽 참조.

은 책을 쓴 여우는 유명해진다. 여우는 그렇게 좋아하는 책을 마음껏 먹을 수 있게 된 것이다. 물론 여우의 행동에 대해서는 여러 가지로 생각해볼 것이 많이 있다. 그래서 그 부분은 토론의 주제로도 많이 활용된다.

여우가 이렇게 좋은 책을 쓸 수 있었던 이유는 바로 독서의 힘에서 나온다. 여우처럼 책 읽기를 너무 좋아하면 자신도 책을 써보고 싶기도 할 것이다. 책을 많이 읽으면 사고력, 창의력, 이해력, 표현력 등이 좋아지기 때문이다. 사고력은 책을 자세히 읽고, 비판적으로 읽는 습관에서부터 시작된다. 사물이나 사람을 깊이 관찰하는 것으로부터 사고의 폭이 넓어지기 때문이다. 창의력은 여러 분야의 책으로 작가의 다양한 생각을 읽고 고정관념을 깨는 생각을 하면서부터 생겨난다. 또한 책을 읽으면서 기존에 가지고 있던 궁금증이 해소되고 문제를 합리적으로 바라보고 해결할 수 있는 이해력이 생겨난다. 표현력은 책을 많이 읽음으로써 논리적인 사고가 생기고 말이나 글을 논리적으로 표현하면서 생긴다. 뿐만 아니라 책 읽기는 공부의 기본을 길러주는 역할을 한다. 책을 잘 읽는다는 것은 책에서 다루고 있는 문제의식을 비판적인 시각으로 흡수해서 내 생활에 적용한다는 것이다. 따라서 책을 많이 읽는다고 꼭 공부를 잘하는 것은 아니지만 대부분의 경우에는 그럴 수 있다.

좋은 글은 자기의 생각을 정확하게 표현한 것이다. 글을 잘 쓰려면 독서와 사유, 체험 등의 다양한 활동을 통한 생각의 넓이와 깊이를 만들어야 한다. 이러한 배경 지식 위에 올바른 글쓰기의 형식을 갖추면 좋은 글을 쓸 수 있다. 그러나 아이들이 글을 쓸 때 글의 형식에 지나치게 얽매일 필요는 없다. 형식보다는 풍부하고 창의적인 생각을 표현하는 것이 더 중요하다. 그리고 가장 중요한 것은 글을 쓰는 것을 좋아하는 마음을 갖는 것이다.

대부분 아이들이 적어도 일주일에 한 번은 해야 하는 글쓰기가 있는데, 바로 일기이다. 일기는 글의 성격상 아이의 마음대로 쓰게 하는 것이 가장 좋다.

하루를 반성하는 글이므로 거짓이나 과장 없이 진실이 담겨 있어야 한다. 처음 쓰는 아이를 지도할 경우 생각을 여는 것을 조금은 도와주어도 좋다. 그러나 대부분은 아이의 생각대로 쓰게 하는 것이 좋다. 아이들은 처음에 무엇을 쓸까 고민한다. 이때 옆에 있는 엄마가 몇 가지 소재를 힌트로 주면 좋다. 그날 있었던 일들을 시간순으로 이야기해주고, 그중에서 글감으로 쓸 만한 것을 고르게 한다. 그리고 어떻게 쓸 것인지 함께 이야기해본다. 사실 아이의 일기를 보면 어른들의 시각과 많은 차이가 있음을 느끼고 놀라기도 한다. 그래서 일기는 조금이나마 아이의 세계를 이해할 수 있는 도구가 되기도 한다. 시간이 지남에 따라 아이는 스스로 혼자서 일기를 쓰고 싶어 하며 자신만의 표현 방식으로 일기를 쓰게 된다. 그때쯤이면 많이 간섭하지 않는 것이 좋다. 그리고 보여주기 싫어한다면 안 보는 것이 좋다. 아이의 인권과 관련이 되어 있기에 일기 검사를 하지 않는 학교도 많이 있다.

일기를 쓸 때에는 가장 먼저 날짜와 날씨를 쓴다. 날짜는 정확하게 써야 하고 날씨는 그림이나 글 등의 여러 가지 방법으로 표현할 수 있다. 날씨를 쓰는 것은 주위를 관찰하고 표현력을 기를 수 있는 기회가 되므로 중요하다. 글로 쓴다면 구체적이면서도 재미있고 다양한 표현을 할 수도 있다. 제목은 그날의 일 중 가장 중요한 사건이나 특별한 일로 정한다. 내용도 제목과 일치하는 글쓰기를 하도록 해야 한다. 일기의 제목이 '할아버지 생신'인데 내용은 할아버지 생신날 할아버지 댁에 가기 전의 일만 가득히 쓴다면 제목에 부합하는 글쓰기가 될 수 없다. 할아버지 댁에 가서 생신을 함께 축하드린 일들과 그날 겪은 여러 가지 사건 그리고 마지막으로 나의 감상을 써야 한다.

일기를 쓰는 방법에도 여러 가지가 있다. 가장 일반적이고 많이 쓰는 것이 생활일기이다. 그 외 동시일기, 그림일기, 관찰일기, 독서일기, 견학일기, 편지일기, 만화일기 등이 있다. 또 일기에 사진, 공연 티켓이나 팸플릿 등을 붙여서 다양하게 꾸며보는 것도 좋다. 아이와 함께 장을 본 것을 쓰게 된다면 장을 본 영수증을 붙여도 좋다. 일기도 일반적인 글쓰기와 마찬가지로 '처음, 중간, 끝'의 형식이 기본이다. 내용에는 장소나 일어난 때, 관련된 사람, 있었던 일을 구체적으로 쓰고 느낀 점이나 감상을 마지막에 쓴다. 많은 아이들이 이 점을 잊어버리기도 하는데 의식적으로라도 한 문장이라도 꼭 쓸 수 있도록 한다. 마지막으로 일기를 다 쓰고 나서 아이에게 한 번 읽어보기를 권한다. 아이 스스로 읽으며 문장을 고칠 수도 있다.

일기만큼 좋은 글쓰기는 없다. 자신의 내면을 들여다보고 그것을 자유롭게 여러 형식으로 표현할 수 있기 때문이다. 그래서 일상에서 어떤 문제가 생겼을 때 자신의 생각을 여과 없이 글로 표현하는 것만으로도 문제가 명확해지고 해결 방법이 떠오르기도 한다. 따라서 일기는 자신만의 내용과 형식으로 써야 하는데, 그것이 익숙해지기까지는 엄마가 위의 방법을 통해 도와줄 수 있다. 이때 아이가 글을 쓰는 진정한 즐거움을 누릴 수 있게 하려면 아주 조금만 도와주어야 한다.

일기 쓰기는 일상의 기록이나 글쓰기 연습도 되지만 또 다른 중요한 기능이 있다. 힘들고 속상한 일을 일기에 쓰다보면 자신도 모르게 생활에 대해서 반성도 하고, 힘든 감정이 해소되기도 하기 때문이다. 이것이 바로 글쓰기가 갖고 있는 '치유의 힘'이다. 그래서 일기를 쓸 때 맞춤법이나 문장 구성에 대해서 지적하는 것보다 진실한 내용과 표현을 우선적으로 쓸 수 있도록 지도해야 한다. 가장 중요한 것은 아이가 일기를 쓰는 것을 좋아할 수 있도록 하는 것이다.

그 외에도 아이만의 동시집이나 만화책 등을 만들어보는 것도 재미있다. 의진이는 만화책을 자주 만든다. 만화책을 만들 때 먼저 종이에 네 칸을 그려서 각 칸마다 그림을 그려 넣고, 그림 위에 동그란 말풍선을 그리고 그 안에 재치 있는 말들을 가득 써넣는다. 주제는 의진이의 그때그때의 관심사에 따라서 달라지기에 매번 다양하다. '미니북' 형식으로 만든 것이 지금은 열 권이 넘는다. 아이가 글이나 책을 재미있게 접할 수 있는 좋은 방법이다.

앞서 이야기한 것과 같이 글을 쓰는 데 기본이 되는 것은 좋은 책 읽기와 풍부한 생각 그리고 다양한 체험을 통한 깨달음이다. 책을 너무 많이 읽고 더 이상은 읽을 책이 없어서 글을 쓰기 시작했던 여우처럼 책을 읽고 자신의 생각이 꽉 차오르면 좋은 글을 쓸 수 있다.

엄마와 아이가 함께 해요

📖 책을 읽기 전에

📞 아이에게 '엄마가 고른 내 인생의 책'을 준비해서 보여주고, 한 권의 책이 인생을 바꿀 수도 있는 경험에 대해서 이야기해준다.

📞 아이가 전에 썼던 독서록을 다시 보고 이야기를 나눈다.

📖 책을 읽고 나서

💬 생각 연습

사람 역시 한 권의 책과 같다고 생각한다. 개인의 삶 속에는 경험, 지식, 마음, 삶의 태도 등 각양각색의 이야기가 들어 있다. 그 이야기가 누군가에게 잘 읽히면 소통이 잘 되는 것이고 그렇지 못하면 서로의 관계가 힘들어

여름, 배움의 숲으로 가자

지는 것이다.

실제로 2000년 덴마크의 한 시민단체에서 처음 만든 '휴먼 라이브러리(Human Library)'라는 프로그램이 있다. 전 세계로 확산되고 있는 새로운 형태의 책 읽기 체험이다. 우리나라의 몇몇 단체와 도서관에서도 '사람 책'이라는 이름으로 이 프로그램을 진행하고 있다. 이 프로그램에 참여한 사람들은 '사람 책'을 읽으면서 마음의 벽을 낮추고 각자의 삶을 돌아보는 경험을 했고, 잘 읽으려는 노력이 중요하다고 말한다.

↘ 자신을 한 권의 책으로 표현하면 어떤 책일까 생각해보자.
- 흥미진진한 동화책
- 표현이 아름다운 동시집
- 멋진 그림이 들어 있는 그림책
- 알고 싶은 지식이 가득한 사전
- 공부를 하는 데 기본이 되는 교과서
- 배꼽 빠지게 웃기는 만화책
- 존경하는 주인공이 등장하는 위인전
- 풀기 싫은 문제집

↘ 책에 양념을 한다면 어떤 양념을 하고 싶은지 이야기해보자.
- 여우처럼 소금과 후추
- 매콤한 김치에 들어가는 마늘, 생강, 고춧가루
- 푸짐한 스테이크에 뿌리는 스테이크 소스
- 상큼한 스파게티를 만들어 먹는 토마토 소스
- 케이준 치킨샐러드에 뿌려 먹는 허니머스터드 소스

- 에그 베네딕트에 들어가는 홀랜다이즈 소스
- 고소한 참기름
- 천 개의 섬, 싸우전드 아일랜드 드레싱
- 아무것도 뿌려 먹지 않는다.

↘ 일기를 쓸 때 날씨는 일상의 관찰에 좋은 훈련이 된다. '재미있는 표현'
의 예를 보고 날씨를 표현해보자.

날씨	재미있는 표현
아주 더움	햇볕을 베어 먹은 날
맑음	온통 파란 하늘
약간 흐림	구름이 해님을 살짝 가린 날
소나기	후두두둑! 비가 온다.
거센 바람	내 동생 날아가겠네!
조금씩 내리는 비	비가 왔다 안 왔다 비의 마음을 모르겠네!
눈이 내림	창문을 열어보니 온통 하얀 세상이 펼쳐졌다.
비오는 날	장화 신고 뛰는 날
추운 날씨	손이 꽁꽁 얼었네!
비가 올 것 같이 흐린 날씨	우리 할머니 허리가 또 아프시겠네!

✏️ 쓰기 연습

↘ 『책 먹는 여우』를 시간 순서에 따라 다섯 문장 정도로 요약해보자.

_____

_____

_____

요약을 잘하기 위해서는 우선 책의 내용을 정확하게 파악해야 한다. 그리고 등장인물과 사건을 잘 기억해야 한다. 새로운 인물이나 장소, 사건이 나올 때마다 공책에 적어놓으면 더 좋다. 요약은 글을 단순히 압축하는 행위가 아니라 자신의 언어로 구성하는 일이다. 줄거리나 시간순으로 재구성해서 일단은 말로 먼저 해보는 것도 좋다. 머릿속으로 줄거리를 요약한 뒤에 친구나 가족에게 들려주는 것도 좋은 방법이다. 그렇지 않다면 책을 읽을 때 중요한 부분에 밑줄을 긋는 것이다. 그리고 나중에 요약할 때 그 부분 위주로 글을 쓰는 것도 좋다.

↘ 현재 가장 관심 있어 하는 주제로 만화책을 만들어보자.

- 준비물: 색도화지나 도화지, 두꺼운 도화지나 하드보드지, 가위, 풀

- 만화책 만드는 방법

① 색도화지나 도화지를 4등분으로 자른다.

② 자른 종이에 네 칸을 그려 넣는다.

③ 만들고 싶은 줄거리의 이야기를 분량에 맞게 나눈다.

④ 칸 속에 그리고 싶은 그림을 그리고 말풍선에 글을 써넣는다.

⑤ 그린 것을 오려서 두꺼운 도화지나 하드보드지에 붙인다.

⑥ 겉장에 제목과 표지, 저자 이름을 써넣는다.

⑦ 친구나 가족과 함께 읽는다.

🎙 말하기 연습

↘ 책 제목 이야기하고 줄거리 만들기

엄마가 책 제목을 말하면, 아이는 그에 따른 줄거리를 구성해서 즉흥적으

로 말한다. 아이와 엄마가 바꾸어서 해본다. 친구끼리 해보아도 좋다. 잘 알려진 이야기도 좋고, 이야기를 새롭게 만들어도 좋다. 아이에게는 다섯 문장 정도가 적당하며, 엄마는 더 길게 해도 좋다. 처음에는 어색할 수도 있으나 이야기를 하다보면 흥미진진해진다. 표현력과 집중력을 기를 수 있고, 경청과 공감을 할 수 있다. 예를 들면 다음과 같다.

- 우리 반 개구쟁이(엄마가 상현이에게 준 제목)

　　정철수
　　너는 우리 반 최고의 개구쟁이야.
　　공부할 땐 '쿵!'
　　놀 때는 '쾅!'
　　그래도 나는 네가 좋아.

- 빌딩(상현이가 엄마에게 준 제목)

　　어느 도시에 황금빛 빌딩이 생겼어요. 한 소년이 그것을 처음보고 "와! 멋지다"라고 생각했지요. 빌딩은 낮에는 햇볕을 받아서 더욱 반짝였어요. 사람들은 "분명히 저 빌딩 안에는 멋진 것이 있을 거야"라고 했지요. 그런데 어느 날부터인가 그 빌딩은 조금씩 커져갔어요. 빌딩이 자라는 거예요. 소년은 너무 궁금해서 빌딩의 문을 열고 안으로 들어가보려고 했어요. 그런데 문이 열리지 않았어요. 간신히 문을 밀어서 열었더니, 빌딩이 더 커지면서 '펑' 하고 터져버리는 거예요. 어느새 소년은 빌딩의 한 조각을 타고 날아가고 있었어요. 빌딩 안에는 외계인들이 자기네 별로 돌아가려는데 밀가루로 만든 우주선이 고장 나서 고치려고 자꾸 베이킹파우더를 더 넣어서 점점 커진 거예요. 그러다가 소년이 문을 여니까 베이킹파우더가 더 부풀어 올라서 터져버린 거지요. 소년은 빌딩을 타고 세상을 한 바퀴 여행한 후 다시 집으로 돌아왔답니다.

- 바보(상현이가 전래동화 형식으로 해달라며 엄마에게 준 제목)

　　옛날에 어느 마을에 바보가 살았어. 바보네 집은 꽤 잘살았어. 그래서인지 동전을 가지고 제기를 차기도 하고, 동네 아이들이 가지고 놀던 돌과 금덩어리를 바꾸기도 했지. 이 이야기를 들은 한 사기꾼이 있었어. 사기꾼은 바보에게 접근해서 엿을 한 가락 주면서 말했어.

"얘야, 너희 집에 동그랗고 누런색이 나는 게 있지. 그것 좀 가져오너라."

사기꾼은 동전을 가져오라고 한 거야. 바보는 사기꾼이 준 기다란 엿가락을 입에 넣고 우물거리면서 집으로 들어갔어. 잠시 후 바보는 집에서 소똥을 한 움큼 가지고 온 거야. 세상에! 바보는 동그랗고 누런색이 나는 것을 소똥이라고 생각했던 거야. 사기꾼은 냄새나는 소똥을 억지로 받으면서 바보에게 다시 웃으면서 말했어.

"얘야! 이번에는 누렇고 딱딱하면서도 반짝이는 걸 가져와봐라."

바보는 다시 웃으면서 집으로 들어갔어. 한참 있다가 나온 바보는 손에 누런색 요강을 들고 나왔어. 그 집의 하인들이 누런 요강을 너무 잘 닦아서 반짝반짝 윤이 났던 거야. 화가 난 사기꾼은 요강을 던져서 깨버렸어. 그리고 화가 나서 다시 이야기했지.

"이 바보야, 돈이나 금 같은 걸 가져오라고!"

그러나 바보는 요강이 깨진 것에 놀라서 사기꾼에게 말했어.

"이거 비싼 건데……."

사기꾼은 바보를 다시 속이려고 말했어.

"비싼 게 아냐, 싸다구! 싸다구!"

사기꾼이 눈을 커다랗게 뜨고 자꾸 '싸다구', '싸다구'를 하자 바보는 그게 따귀를 때리라는 소리인 줄 알고 사정없이 사기꾼의 뺨을 때렸어. 그 힘이 얼마나 센지 사기꾼은 다시는 바보를 속일 생각을 하지 않고 울면서 집으로 돌아갔대. 그 후로도 사기꾼의 뺨에는 바보의 손자국이 평생 남아 있었대.

- 무서운 이야기(상현이가 '약간 무서운' 이야기를 해달라고 한 경우)

마루 초등학교라는 학교가 있었어요. 그 학교는 3층 건물이었어요. 지하실이 있었는데 그곳으로는 아무도 내려가지 않았어요. 어느 날 밤에 경비 아저씨가 순찰을 도는데 지하실에서 문이 열리고 닫히고 하는 소리가 들리는 거예요. 아저씨는 무슨 일이 있나 하고 손전등을 비추며 지하실로 내려갔죠. 아무것도 없어서 올라오려고 하는 순간, 갑자기 '쾅' 하고 문이 닫히는 소리가 났어요. 출입문은 그대로 있는데 어디서 나는 소리일까 보니까 작은 캐비닛이 자꾸 열렸다 닫혔다 하는 거예요. 그래서 캐비닛을 닫으러갔는데 캐비닛 안에 고무장갑이 하나 들어 있지 뭐예요. 아저씨는 그때 집에 있는 아주머니를 생각했어요. 아주머니에게 가져다주려고 했지요. 다음 날 아침, 집으로 돌아간 아저씨는 아주머니에게 고무장갑을 내밀었어요. 장갑이 조금 이상하게 생기긴 했지만 아주머니는 기쁘게 받으셨어요. 다음 날, 아저씨가 출근을 하고 아주머니가 점심때 고무장갑을 끼고 설거지를 하려는데 갑자기 누군가 우는 소리가 들렸어요. "우우우우웅" 이상한 소리가 들렸지만 어디서 나는 소리인지 몰라서 그냥 대수롭지 않게 여겼지요. 그리고 그다음 날 점심때는 고무장갑에서 붉은색 피가 뚝뚝 떨어지는 거예요. 너무 놀랐지만 고무장갑의 색소라고 생각하고 워낙 알뜰한 아주머니는 그래도 장갑을 떨어질 때까지 사용하기로 했어요. 그런데 그다음 날 또 점심때 아주머니가 혼자서 설거지를 하려는데 "내 손 내놔, 내 손 내놔." 하고 고무장갑에서 소리가 나는 거예요. 아주머니가 이제는 도저히 안 되겠다고 생각해서 아저씨에게 이야기를 해서 캐비닛에 다시 넣기로 했어요. 마침 그날 저녁 당직인 아저씨가 순찰을 돌면서 캐비닛에 고무장갑을 넣고 돌아오는데 갑자기 복도에 어떤 여자가 나타나더니 공손히 고개를 숙이며 인사를 하더래요. 알고 보니 그 고무장갑은 사실 오래전에 이 건물이 세워지기도 전에 죽어서 귀신이 된 여자의 의수였다는 거예요.

- 움직이는 소파(상현이가 '무섭다가 웃긴' 이야기를 해달라고 한 경우)
어떤 집에 소파가 낡아서 새로운 소파를 가져왔어요. 그런데 주인이 밖에 나갔다오면 소파 위치가 바뀌는 거예요. 그래서 이상하다 생각했지만 착각했을 거라고 생각하면서 지냈어요. 그런데 어느 날부터인가는 소파에서 '쿨쿨' 소리도 나고 '캑캑' 소리도 나고 '에취, 에취' 하는 소리도 나는 거예요. 무서워진 소파 주인은 경찰을 불러 소파를 뜯어보았어요. 그런데 거기에서 다람쥐 세 마리가 나오는 거예요. 다람쥐들이 나오자 그들이 가지고 있던 도토리도 함께 나왔어요. 소파 공장 근처에 살고 있던 다람쥐들이 우연히 소파 속에 들어가서 놀다가 너무 편안해져서 아예 먹이를 가지고 그 속에 들어갔다가 소파가 팔려서 이곳까지 온 거였죠. 먹이를 먹으며 매일 서로 노느라고 소파 위치가 바뀌고 먹고 자고 노느라고 이상한 소리가 났던 거였어요. 소파 주인은 이제 예쁜 다람쥐 세 마리와 함께 살기로 했답니다. 물론 소파 속이 아니라 집 안에서요.

위 이야기들은 상현이와 내가 즉흥적으로 만든 이야기 그대로다. 즉흥적으로 이야기를 만들다보면 처음에 의도한 것에 비해서 결말이 너무 시시하게 끝날 수도 있다. 그러나 서로 제목을 주고 이야기를 만드는 과정에서 아이의 상상력과 창의력이 개발될 수 있고, 엄마와 아이가 무척 즐거운 시간을 보낼 수 있다. 이야기를 만들다가 뒷이야기는 아이에게 만들어서 연결해보라고 해도 좋다. 아이에게 이 방법대로 해보라고 하면 대부분의 아이는 즐거워한다. 아이 침대에 함께 누워 창밖에서 들리는 시원한 개구리 울음소리에 맞춰 듣는 이야기는 세상의 어느 유명한 작가의 작품보다도 값지다.

교실 이야기

나도 먹어보고 싶어요!
『백점빵』(백욱찬 글·그림, 책과 콩나무, 2014)

　초등학생이 가장 고민하는 문제는 학업 성적이고, 친구를 사귈 때도 우선 조건이 공부 잘하는 친구라는 연구결과가 나왔다.[6] 이제 아이들의 성적은 친구 관계까지도 바꾸어놓게 되었다. 백욱찬 작가의 『백점빵』은 시험에서 백점을 받고 싶은 아이의 심리를 잘 나타낸 책이다. 아빠가 제빵사인 아이는 아빠 몰래 빵 연구실에 들어가서 백점빵의 비밀을 알아낸다. 그 빵을 먹으면 시험을 치를 때마다 백점을 맞게 되는 것이다. 아이는 시험 전날마다 그 빵을 먹는다. 좋은 성적을 계속 받게 된 아이는 더 큰 욕심을 부리게 된다. 그러나 무엇이든 과하면 탈이 나는 법이다. 노력 없이 너무 많은 욕심을 부리다가 결국 아이는 교실에서 창피만 당한다.

　너무나 유쾌한 이야기지만 그 이면에는 성적 때문에 힘들어하는 아이들의

---

6)　초등 교육 업체 시공 교육의 초등학습연구소는 26일 전국 초등학생 9,803명을 대상으로 실시한 설문조사 결과를 발표했다. 가장 큰 고민거리를 묻는 질문에 '학교 성적'을 꼽은 응답자가 32%로 가장 많았다. '친구 관계'와 '무서운 담임선생님'을 꼽은 학생이 각각 14%와 13%였지만 성적 고민의 절반에도 미치지 못했다. 학교 성적은 친구를 사귀는 문제에도 큰 영향을 미치는 것으로 조사됐다. '새 학년에는 어떤 친구와 친해지고 싶으냐'는 질문에 응답자의 33%가 '공부 잘하는 친구'라고 답했다. '착하고 친절한 친구'(23%)는 2위로 밀렸고 '재미있는 친구'(15%)도 '공부 잘하는 친구'의 인기에는 크게 못 미쳤다. 국민일보, 2014년 2월 27일자 참조.

불안한 심리가 숨어 있다. 저학년은 덜하지만 대부분 아이들이 성적 걱정을 많이 한다. 아이들도 귀찮고 지겨운 시험이지만 매일매일 꾸준히 공부해야 한다는 것을 알고 있다. 그렇게 조금씩 쌓아올린 것만이 진정한 자신의 실력이 된다는 것도 말이다.

학기가 시작되고 7월 초가 되면 학교는 기말고사 등의 시험을 치른다. 1, 2학년의 경우 시험 과목은 국어와 수학이 대부분이다. 이때 시험 점수를 걸고 장난감 선물을 사준다거나 백점이 아니면 집에 들어오지도 말라는 가정도 있다. 상과 벌은 교육에서 흔히 사용하는 방식이다. 어쩌면 가장 쉬운 방법으로 단기적 효과는 있을 수도 있다. 그러나 과도하게 이 방법을 이용하면 아이가 본질인 공부보다는 부수적인 것에만 신경을 쓸 수도 있다. 또한 성취한 것에 항상 상과 벌이 따르면 성공에 대한 집착과 자신에 대한 불안감이 생길 수도 있다. 어려운 이야기지만 아이에게 내적 동기를 만들어주어야 한다. 과정이 재미있을 때 아이들은 더 잘하려고 한다. 단기간에 무엇인가를 이루려고 하면 아이들은 지치게 된다. 칭찬도 아이에게 어떠한 목적을 달성하게 하기 위한 도구로 사용하기보다는 아이가 잘해서 부모가 정말 기뻤을 때 하는 것이 좋다. 부모는 뒤에서 최선을 다해주고 결과에 연연하는 모습을 보이지 않는 것이 바람직하다.

대부분 아이들은 학교가 끝나면 방과 후 교실 수업 혹은 돌봄 교실, 학원이나 공부방을 이용하는 것이 지금의 현실이다. 그 외에도 피아노 학원, 태권도장, 미술 교습소 등이 아이들이 주로 가는 학원들이다. 하교 후 학원을 갔다가 집에 돌아오면 이미 저녁이 된다. 이렇게 하루하루가 바쁜 아이들은 시험 기간이 되면 시험도 대비해야 한다. 물론 가장 좋은 방법은 규칙적으로 생활하며 수업 시간에 집중해서 수업을 듣는 것이다. 그리고 그날그날 복습을 하는 것이다. 그러나 이것은 쉽지 않다. 특히 초등학교 저학년이 그날그날 복습을 하기란 여간 어려운 것이 아니다. 기말고사를 대비해서는 아이의 수준과 성향에 맞는 문제집을 골라서 풀어보는 것이 좋다. 대부분 20문제로 되어 있는데 매일 한 회씩 풀어본다면 아이가 싫증 내지 않고 잘 할 수 있다. 정답은 아이와 함께 맞추어보고 틀린 문제는 반드시 확인해야 한다.

　3학년부터 시작되는 영어 교육에 대해서는 이미 부모가 많은 관심을 갖고 있다. 이 시기가 되면 영어를 배우는 아이들은 주로 세 부류로 나뉜다. 영어 유치원 등을 졸업해서 1학년 때부터 유치원 연계 과정인 학원을 다니는 아이들, 1학년 때부터 학원이나 다른 방법으로 영어 교육을 시작하는 아이들 그리고 학교에 가서 시작하는 아이들이다. 문법 등을 학원에서 배우거나 영어 그림책 등을 읽거나, 집에서 영어 DVD를 시청하는 등 방법은 다양하다. 이 모든 방법에는 장단점이 있다. 아이가 너무 힘들어하지 않는 범위 내에서 아이의 수준에 맞는 영어 그림책이나 챕터북 등을 꾸준히 읽는 것도 좋다. 실제로 책을 읽으면서 단어나 어휘 등을 자연스럽게 익히므로 단순하게 단어를 외운다거나 문법 공부를 하는 것보다 효과적일 수 있다. 다양한 형태의 읽기를 하고 읽기에서 얻은 주제를 찾아내야 한다. 그리고 그 내용을 아이들의 경험과 연계해 지식을 확장할 수 있는 독서가 되도록 한다.

　외국어 습득 이론을 정립한 스티븐 크라센(Stephen Krashen) 교수는 다독의 중요성을 강조했다. 자신의 흥미와 수준에 맞는 책을 꾸준히 읽는 것은 그 어떤 영어 학습 방법보다 언어 습득의 효과가 크다. EFL(English as a Foreign Language)[7] 환경에 있는 우리나라의 경우 '읽기'를 통해서 언어 능력을 향상시켜야 한다는 이야기이다.

---

7)　EFL은 English as a Foreign Language를 뜻하며, 모국어가 따로 있고, 영어를 외국어로서 학교와 같이 정해진 공간 안에서만 학습하는 상황을 말한다. 한국이나 일본과 같은 비영어권에 거주하는 학습자가 놓인 환경이 여기에 속한다. 반면, ESL은 English as a Second Language로서 모국어가 따로 있지만 영어를 제2언어로 사용할 수 있도록 주변 환경이 영어에 노출되어 있는 것을 말한다.

또 크라센 교수는 "아이들이 즐기면서 책을 읽을 때, 책에 몰입했을 때 아이들은 부지불식간에 노력을 하지 않고도 언어를 습득하게 된다"라고 했다.[8] 언어 능력 향상이란 듣기, 말하기, 읽기, 쓰기가 함께 발달되어 이루어지는 것이다. 그리고 바로 읽기를 통해서 어휘력, 독해력이 좋아지고 문법 및 쓰기 능력이 향상될 수 있으며 듣기, 말하기 능력도 좋아지게 된다고 말한다.[9] 이 교육법을 그대로 시행하는 데는 여러 측면에서 준비가 필요하며, 현 상황에서 개선하고 보완해야 할 점도 분명히 있다. 비록 외국어를 배우는 초기 단계에서만 해당되는 교육법이지만 영어를 처음 접하는 아이들이 어렵지 않게 영어를 접하고 책을 즐길 수 있는 좋은 방법임에는 틀림없다.

상현이는 근처 도서관에서 하는 '영어 동화책 함께 읽어요'라는 프로그램을 신청해서 참여하고 있다. 2주에 한 번씩 근처 고등학교 자원봉사자들과 영어 동화책을 함께 읽고 독후활동을 하고 있다. 영어에 자연스럽게 노출되고 재미를 느낄 수 있는 이러한 활동은 주변에서 쉽게 찾아볼 수 있다. 또한 영어를 언어로서만 배우는 데에 집착하는 것보다 영미권 문화를 재미있게 배우는 것도 좋다. 책이나 영화를 보면서 배우고, 외국인과의 만남이나 체험활동 등을 통해서도 이루어질 수 있다. 월별로 행사를 챙겨보는 것도 재미있을 것이다. 봄이면 세인트 패트릭 데이(St. Patrick's Day)가 있는데, 3월 17일에 아일랜드를 비롯해 세계 곳곳에서 패트릭 성인을 기리며 열리는 축제다. 이날은 아일랜드계 이주민들이 많이 사는 미국, 영국, 캐나다를 포함해 아르헨티나, 오스트레일리아, 뉴질랜드 등지에서도 여러 행사가 개최된다. 그 이후 부활절(Easter)이 있다. 이날의 의미와 함께 부활절 달걀(Easter Egg)을 만들어보는 것도 좋을 것이

---

8) 스티븐 크라센 지음, 조경숙 옮김, 『크라센의 읽기 혁명』, 르네상스, 2013.

9) 이 교육법의 목표는 즐겁게 읽기(pleasure reading: Mikulecky, 1990)이며, 대표적인 교수법으로는 자발적 읽기(free voluntary reading)와 지속적 묵독(sustained silent reading)이 있다.

다. 할로윈(Halloween)이 되면 미국에서는 일주일 전부터 의상을 준비한다. 아이들은 해가 지는 것을 기다렸다가 "Trick or Treat"이라고 말하면서 각 가정을 돌며 캔디를 얻는다. 아이와 같이 이런 놀이를 해보는 것도 좋을 것이다. 추수감사절(Thanksgiving Day)은 11월 넷째 주 목요일로, 이날은 종교적이고 역사적 의미를 지닌다. 1620년 신교의 자유를 찾아 영국에서 건너온 청교도들은 거친 자연과 싸우면서 이듬해 가을 결실을 맺었다. 추수감사절에 먹는 음식을 아이와 함께 알아보면서 이야기해볼 수도 있다. 그 외에도 포트럭 파티(Potluck Party)나 파자마 파티(Pajama Party) 등의 파티 문화를 함께 접해보거나 플리 마켓(Flea Market), 가라지 세일(Garage Sale) 등 생활에 필요한 것들을 알려주면 좋다. 또 우리나라에서도 잘 알려진 음식으로 그 나라의 문화를 알아보는 것도 좋다. 오믈렛과 같은 서양의 아침 식사를 함께 만들어본다거나 영국의 대표적인 음식인 피시 앤 칩스(Fish and Chips) 등을 함께 먹으면서 이야기를 나눠볼 수도 있다. 이처럼 문화적인 호기심으로 접근해서 책을 읽어나간다면 바쁘게 학원을 다니더라도 아이의 마음은 좀 더 여유 있을 것이다.

아이들이 치러야 하는 시험에는 기말고사와 같은 지필 시험 외에도 태권도의 승급 시험이나 피아노 경연 대회와 같은 것도 있다. 태권도와 같은 경우에는 자신이 노력해서 띠의 색이 변하고 품 증을 받는 데에서 아이들은 희열을 느낀다. 목표를 향해 노력하고 거기에 합당한 결과물을 받는다는 것은 아이에게 소중한 경험이 될 것이다.

엄마와 아이가 함께 해요 ••

📖 책을 읽기 전에

📞『백점빵』은 빵이라는 소재를 이용해서 '먹으면 백점을 맞게 된다는 빵'에 대한 발상을 표현했다. 다음은 이처럼 발상의 전환으로 어려움을 극복해서 성공한 예이다.

- 남미의 에콰도르에서는 우기에 비가 많이 내려서 노점에서 신문을 판매하는 데 어려움이 많았다. 그래서 한 신문사에서 신문에 특수 플라스틱 코팅 처리를 해서 우산으로 만들었다. 판매 부수는 12%가 늘었고 광고는 16%가 늘었다.

- 일본 아오모리 현은 사과 재배로 유명한 지역이다. 그런데 1991년에 기록적인 태풍에 사과의 90%가 떨어지고 못쓰게 되었다. 이때 한 농민이 흥미로운 아이디어를 제시했는데 바로 태풍이 지나간 후에도 떨어지지 않은 나머지 10%의 사과에 '합격 사과'라는 상표를 붙여서 보통 사과의 10배 가격으로 시장에 팔자는 것이었다. 합격 사과는 엄청난 위력의 태풍 속에서도 떨어지지 않았다는 사실 때문에 많은 수험생들에게 폭발적인 인기를 얻었고, 비록 가격이 10배 이상 비쌌지만 시장에서는 없어서 못 구할 정도로 불티나게 팔렸다.

- 초기의 엘리베이터는 지금보다 속도가 많이 느렸다. 엘리베이터 안에서 지루하고 다른 사람과 함께 있는 것이 어색한 사람들은 엘리베이터 속도에 불만을 표시했다. 엘리베이터의 속도를 빠르게 하려면 그만큼의 시간과 기술 그리고 돈이 많이 들기 때문에 엘리베이터 제조 회사에서는 난감했다. 이 문제는 엘리베이터 관리인의 제안으로 해결되었다. 바로 엘리베이터 안에 '거울'을 달자고 한 것이다. 거울을 달면 누구나 자신의 모습을 보려고 하고, 이것은 지루함을 없애줄 수 있다. 실제로 엘리베이터를 탄 절대 시간보다 이용자가

느끼는 시간을 상대적으로 느리게 인식하게 만드는 것이다. 또한 다른 사람과 함께 있어 시선을 둘 수 없기에 생기는 어색함도 사라졌다. 실제 '거울'을 설치한 이후 이용자들의 불만이 크게 줄었다.

📖 책을 읽고 나서

💬 생각 연습
↘ 어떤 빵을 만들고 싶은지 생각해보자.
- 먹으면 투명인간이 되는 빵
- 맛이 계속 변하는 빵
- 먹어도 먹어도 줄어들지 않는 빵
- 커다란 코끼리 모양의 빵
- 세상에서 제일 맛있는 빵
- 노래를 잘 부르게 되는 빵

↘ 이야기의 주인공과 '나(아이)'와의 공통점과 차이점을 생각해보자.

✏️ 쓰기 연습
↘ '💬 생각 연습'에서 생각한 빵을 묘사해보자.

서사	묘사
올해도 단풍이 들었다	마치 노란 금화와 같다
바람이 세게 분다	바람에 나뭇잎 부서지는 소리가 들린다
꽃이 향기롭다	언젠가 먹어본 바닐라 아이스크림의 달콤한 향이 나는 꽃
맛있는 생선	짭조름하면서도 고소한 맛이 나는 생선

여름. 배움의 숲으로 가자

- 눈에 보이는 것처럼 묘사하기: _____

- 소리로 듣는 것처럼 묘사하기: _____

- 냄새를 맡은 것처럼 묘사하기: _____

- 맛을 본 것처럼 묘사하기: _____

Tip. 묘사하기(discription)

묘사란 자연 현상이나 개인의 독특한 체험을 마치 화가가 대상의 특징을 잡아 스케치하듯 기술하는 양식을 말한다. 즉, 줄거리 전달이 아니라 자연 현상이나 인간 체험을 감각적으로 표현하여 독자에게 구체적 이미지(심상)를 갖게 하는 데 목적을 둔다. 대상으로부터 받은 감각적인 인상을 모양이나 소리, 움직임 등으로 생생하게 느낄 수 있도록 표현하는 것이다.

🎤 말하기 연습

↘ 1분 스피치를 해보자.

이야기를 할 때에는 자신이 가장 잘 아는 분야의 이야기로 주제를 정한다. 단순한 백과사전식 지식의 나열은 듣는 이들에게 감흥을 주지도 못하고 본인도 힘들다. 자신의 일상에서 인상 깊었던 것 하나를 선택해서 이야기하면 좋다.

- 주제: 빵

- 방법

① '빵'의 종류별로 낱말카드를 만든다(예를 들어서 곰보빵, 단팥빵, 식빵, 도넛, 크림빵, 꽈배기 등 아이가 잘 알 만한 빵의 이름을 낱말카드

에 적는다. 이때 아이가 좋아하는 빵이 있다면 그 빵의 이름도 적는다).

② 한 사람씩 낱말카드를 뒤집어서 그 빵에 대해 1분간 이야기를 한다(단, 1분이 되었을 때는 반드시 초시계를 사용해서 알려준다).

　언어예절은 중요하다. 그러나 단순한 기술로서의 예절이 아니라 상대방을 진심으로 존중하는 정신이 우선되어야 한다. 언어예절이 필요한 이유는 사회적 갈등을 피하고, 원활한 인간관계와 사회생활을 위해서다. 그러기 위해서는 말하는 사람의 역할이 중요하다. 이야기를 듣는 사람과 이야기에 등장하는 사람 사이의 관계와 상황을 잘 파악해서 이야기를 해야 한다. 이들의 관계는 연령이나 신분과 직위 그리고 항렬, 성별, 친숙도 등에 의해 이루어진다. 그리고 말을 하는 사람은 그 관계와 상황에 어울리는 언어를 선택해서 말해야 한다.

　언어예절에서 가장 많이 이야기되는 것이 존칭어 문제와 외국어의 남용, 신조어의 문제이다. 요즘 주변에서 존칭어가 잘못 사용되는 예를 자주 볼 수 있다. 예를 들어 커피 전문점에서 커피를 주문하면 "고객님, 주문하신 아메리카노가 나오셨습니다. 삼천 오백원이십니다"와 같은 말을 듣는다. 이 말에서 존칭어는 잘못 사용되었다. 높임의 대상이 사람이 아니라 '음료'나 '돈'이라는 사물이기 때문이다. 또 다른 하나는 외국어의 지나친 남용이다. 외래어와 외국어는 다르다. 외래어는 우리말로 대체할 것이 없기에 사용하는 외국에서 들어온 말이다. '버스'나 '빵'과 같은 말이 그 대표적인 예다. 그러나 "런치를 먹고 기분이 업 되었어!"와 같은 외국어는 우리말로도 충분히 바꾸어서 사용할 수 있다. 그런데도 우리는 실생활에서 아무렇지 않게 외국어를 사용하기도 한다. 사용할 수 있는 우리말이 있음에도 외국어를 사용하는 것은 옳지 않다. 그리고 신조어의 문제도 심각하다. 이것은 대부분 특정 연령대에서만 통용된다. 70대 할머니가 "맛점하세요!"라는 문자 메시지를 받게 된다면 아마도 그 의미를 이해하지 못할 것이다. 이런 언어들은 통신기기의 발달로 SNS 등이 널리 사용됨에 따라 더욱 발달한 경향이 있다. 즉, 사회적인 은어다. 은어는 특정 연령대나 직업, 사회에 속한 사람들 간의 비밀 언어다. 그러므로 다른 사람들과 의사소통을 원활하게 할 수 없다. 또한 그 말을 모르는 사람에게 사회적인 고립감을 주기도 하고 불쾌감을 주기도 한다. 이러한 신조어는 세대 간에 의사소통을 방해하고 기존의 언어를 파괴하는 역할을 한다. 더불어 인터넷 게시판에 쓰는 악성 댓글 문제도 심각하다. 있지도 않은 사실을 퍼뜨린다거나 인신공격성의 댓글로 피해를 입는 사람들도 많다. 이러한 글을 올린 사람들은 명예훼손으로 소송을 당하기도 한다. 또한 온라인상에서의 문제가 현실에서의 폭력을 양산하기도 한다. SNS 등을 통해서 한 사람을 따돌리는 일도 잦다. 한 반의 전체 학생이 가입한 사이트에서 노골적으로 한 사람을 따돌려서 문제가 되는 경우도 있다. 그리고 온라인에서의 소외는 현실로까지 이어진다.

요즘은 저학년이라도 욕설을 하는 아이들이 아주 많다. 학교에서 배워온 욕설을 집에 와서도 그대로 사용하기도 한다. 아이가 갑자기 욕설을 하기 시작하면 당연히 부모는 당황스럽다. 그런데 더 놀라운 일은 학교에서 욕설을 하는 대부분의 아이들이 욕설을 가정에서 배워온다는 것이다. 부모나 친척들이 무심코 사용한 욕설을 그대로 따라하는 것이다. 자녀가 이런 말을 한다면 그 의미를 알려주고 고치도록 해야 한다. 그 외에도 가정에서 다른 사람의 험담을 하는 경우도 많다. 가끔 아이들 간에 생길 수 있는 왕따나 학교 폭력을 두려워하면서, 학부모들 사이에서도 한 사람을 따돌리고 험담을 하기도 한다. 그것을 보고 듣는 아이들은 그대로 배우게 된다.

그렇다면 욕을 하는 것은 왜 나쁜 것일까? 욕설을 하면 듣는 사람의 마음에도 크게 상처를 주지만 하는 자신도 상처를 받는다. 욕설을 하는 이유를 조사해보니 가장 많은 이들이 남들도 다 하니까(18.2%)라고 답했다. 그다음은 스트레스를 풀기 위해(17%), 남들이 만만하게 볼까봐(8.2%), 누군가를 무시하고 비웃기 위해(4.6%) 순이었다. 즉, '별다른 이유 없이 습관처럼'이 가장 큰 이유였다. 그 외의 것들은 분노의 감정이 포함되어 있다. 실제로 욕을 하면 분노나 공포 기능을 담당하는 '감정의 뇌'를 자극하고 통제력을 담당하는 '이성의 뇌'를 막는다고 한다. 누군가에게 욕을 할 때 그것을 가장 먼저 접하는 이는 바로 자신이다. 그래서 스스로 자신의 뇌에 상처를 주는 행위가 된다.[10]

박현숙 작가의 『욕대장』은 이런 교실 내의 풍경들을 사실적으로 그린 책으로 학교 안에서 일어나는 언어폭력에 대한 다양한 이야기를 다루었다. 욕설과 은어의 이야기나 인터넷이나 스마트폰으로 일어나는 왕따에 관련된 이야기가 생생하게 전해진다. 이 책의 부제는 '친구에게 상처주는 말'이다. 누군가는 재미로 하는 말이 다른 친구에게는 마음에 남는 상처가 될 수도 있다는 것이다. 작가는 언어폭력의 유형을 크게 여덟 장으로 분류했다. 첫 번째 장에서는 언어폭력에 대해서 기본적인 이야기를 한다. 두 번째는 가정에서 시작되는 언어폭력을 다루었는데 가족 간에 의미 없이 던진 말을 아이들이 그대로 따라 한다는 것이다. 세 번째는 욕설과 은어를 사용하는 아이들의 심리를 살펴보고 있다. 아이들은 단순히 남들보다 약하게 보이고 싶지 않아서 그것을 사용한다. 네 번째 장은 언어폭력은 말하는 사람과 듣는 사람 모두에게 상처를 입힌다는 이야기다. 다섯 번째 장은 외모로 인한 언어폭력을 이야기하고 있다. 여섯 번째와 일곱 번째 이야기는 각각 인터넷 언어폭력과 스마트폰 언어폭력을 다루었는데 특히 우리에게 시사하는 바가 크다. SNS를 통해서 한 아이를 따돌리는 행위는 이미 심각한 사회문제로 대두되어왔다. 이 장의 제목이 '나는 재수 없는 아이도 미운 아이도 아닙니다'이다. 여덟 번째 이야기는 상대방이 의미도 모르고 사용하는 말에 상처를 입는다는 이야기다.

---

10) ebs「지식채널 e」, 2013년 12월 11일 1095회 참조.

이 책에서 특히 인상 깊었던 내용은 '울트라 뚱녀는 나쁜 몸매'라는 제목으로 가정에서 시작된 언어 습관이 학교에까지 이어진다는 것이다. 뚱뚱한 엄마를 놀리는 아빠의 말을 여과 없이 받아들인 아이는 학교에서도 그대로 그 말을 친구에게 사용한다. 더구나 이런 언어 표현으로 뚱뚱한 몸매는 '나쁜 몸매'이고 날씬한 몸매는 '착한 몸매'라는 올바르지 않은 가치관까지 갖게 된다. '나쁜 몸매'를 가진 사람은 '나쁜 사람'이라고까지 생각하니 언어가 얼마나 중요한지 다시 한 번 생각해볼 문제이다. 이처럼 무심코 가정에서 사용한 부모의 말이 아이에게 각인되어 잘못된 가치관을 형성하게 된 것이다.

책을 읽은 후 상현이가 이야기 하나를 꺼냈다. 우리 동네에 사고로 다치신 후 걷는 것이 불편하신 어르신이 계시는데 상체를 뒤로 젖힌 채 팔을 휘저으면서 한 발 한 발 힘겹게 걸으신다고 한다. 그런데 아이들이 그 모습을 보고 따라하며 마치 '잘난 체'하며 걷는 것 같다고 말했다고 한다. 그리고 아이들의 그 말과 행동이 잘못된 것이라는 것을 깨닫게 되었다고 이야기해주었다.

말이나 글로 하는 폭력도 듣는 이들에게는 심한 상처가 된다는 인식이 있어야 할 것이다. 욕설은 분노의 표현이다. 욕설을 하는 사람의 내면에는 해소하지 못한 분노가 들어 있다. 사회에서 느낀 분노의 감정을 그대로 가지고 있다가 풀지 못한 채 욕설로 표현하는 것이다. 욕설을 하는 이유가 줄어드는 근본적인 원인을 치유하는 것이 우선일 것이다.

엄마와 아이가 함께 해요 ••

📖 책을 읽기 전에

🖋 아이에게 말하기의 어려움에 대해서 이야기한다. 의사소통의 방법 중 가장 기본은 말하기이다. 말하기의 장점과 단점에 대해서 함께 생각하고 이야기 해본다.

- 장점: 직접적이고 친밀하다.

- 단점: 기록이 남지 않고 금방 사라진다. 말하기 전에 수정할 수 없기에 완전하게 전달할 수 없다. 말을 한 뒤에 고칠 수 없다.

🖋 '말'과 관련된 속담 중 가장 공감이 되는 속담을 골라보자. 그리고 그 의미를 이야기해본다.

- 말 한마디에 천 냥 빚도 갚는다.

- 혀 아래 도끼 들었다.

- 가는 말이 고와야 오는 말이 곱다.

- 발 없는 말이 천 리 간다.

- 들으면 병이고, 듣지 않으면 약이다.

- 말이 많은 집은 장맛도 나쁘다.

- 낮말은 새가 듣고 밤말은 쥐가 듣는다.

- 호랑이도 제 말 하면 온다.

- 귀가 보배다.

- 말이 씨가 된다.

🖋 집 안에서는 이사를 갈 것이라든지 집을 팔 것이라는 말을 삼가라고 한

어르신들의 지혜를 생각해보자. 생물이 아닌 집도 그 말을 듣고 서운해한다는 것이다. 물건에게조차 귀가 있다고 생각해서 말을 조심하기를 이른 예이다. 이와 같이 사람이 아닌 사물에게도 말을 함부로 하지 않으려는 마음은 우리에게 많은 것을 깨닫게 한다. 아이에게 다음의 '황희 정승과 소' 이야기를 해준다.

세종대왕 때 청렴하기로 유명한 황희라는 정승이 살았다. 어느 날 그가 시골길을 가고 있었다. 마침 덥고 힘이 들어서 잠시 쉬었다 가려고 커다란 나무 밑에 앉았다. 그때 멀리 보이는 밭에서 나이 든 농부가 소 두 마리를 몰면서 밭을 갈고 있었다. 그것을 바라보던 정승은 갑자기 궁금해져서 농부에게 소리쳐 물었다.

"여보시오. 그 검정 소와 누렁 소 중에서 어느 쪽이 일을 더 잘합니까?"

그러자 농부는 하던 일을 멈추고 몹시 당황한 얼굴로 황희에게로 달려왔다. 그러더니 황희의 귀에다 자신의 입을 바짝 대고는 조용히 말했다.

"힘은 검정 소가 세지만, 꾀부리지 않고 일을 잘하는 건 누렁소입니다."

농부의 말을 들은 정승은 이상하게 생각했다.

"잘 알았소이다. 그런데 노인장께서는 그 말을 뭘 그렇게 비밀스럽게 하십니까? 하찮은 짐승의 이야기가 아니오?"

그러자 농부는 조용히 이렇게 말했다.

"말 못하는 짐승일지라도 마음은 사람과 다를 게 없습니다. 칭찬도 여러 번 하면 욕이 되거늘 하물며 흉보는 말이 귀에 들어가면 좋을 리 있겠습니까?"

황희 정승은 이야기를 하는 늙은 농부에게 깊은 감동을 받았다. 그리고 그 이후로 그는 노인의 말을 교훈 삼아 평생 남에게 말조심을 했다고 한다.

📖 책을 읽고 나서

💬 생각 연습

↘ 긍정적인 말의 힘에 대해서 생각해보고, 두 개의 문장 중 더 듣기 좋은 곳에 표시해보자.

여름. 배움의 숲으로 가자

- "100명 중에 30명이 떨어졌다." ☐
  "100명 중에 70명이 합격했다." ☐

- "컵에 물이 반이나 남았네!" ☐
  "컵에 물이 반밖에 없네!" ☐

- "10문제 중에 두 문제나 틀렸어." ☐
  "10문제 중에 여덟 문제나 맞았어." ☐

✎ 쓰기 연습

↘ 다음 문장을 맞게 고쳐 써보자.

- 화장실은 저쪽이십니다. → _____

- 거스름돈은 500원이십니다. → _____

- 주문하신 햄버거가 나오셨습니다. → _____

- 제 아버님은 김 자 철 자 수 자를 쓰십니다. → _____

- 교장선생님의 말씀이 계시겠습니다. → _____

↘ 다음 표현을 바꾸어보자.

- 런치타임 → _____

- 내츄럴한 컬러 → _____

- 피아노 샘 → _____

- 의느님 → _____

- 사장님실 → _____

인사는 상대에 대한 불안감을 없애고 상대방에게 호의가 있다는 의미를 나타낸다. 자신을 돋보이고 인간관계를 좋게 만드는 중요한 행위이다.

올바른 인사법으로는 상대방의 눈을 보고, 얼굴에 미소를 짓고, 발뒤꿈치를 붙이고, 등은 곧게 펴고, 머리와 목과 등이 일직선이 되도록 허리부터 상체를 굽히는 것이다. 인사말은 상대방의 눈을 보며 "안녕하세요." 하고 허리를 숙이기 시작한다. 상황에 맞는 인사말이 중요한데 때와 장소와 상황에 맞는 인사말을 선택해서 인사를 해보자.

↘ 상황에 맞는 적절한 인사말로 인사를 해보자.
- 아침에 이웃 아주머니를 만났을 때
- 선생님에게 칭찬을 받았을 때
- 자기 전에 부모님께
- 집에 놀러온 친구가 갈 때
- 할아버지 생신날에 할아버지께
- 새해에 친척들께 세배를 하면서
- 목욕탕이나 화장실에서 선생님을 만났을 때
- 문방구에서 학용품을 사고 나올 때
- 아빠와 전화 통화를 마칠 때
- 친구에게 생일 선물을 받았을 때

세상 모든 것이 우리의 여정을 돕고 있었다

『어린이를 위한 용기』(브래들리 트레버 그리브 지음, 이상희 옮김, 다산기획, 2015)
『안개 속의 고슴도치』(세르게이 코즐로프 · 유리 노르슈테인 글, 프란체스카 야르부소바 그림, 강량
원 옮김, 고래가 숨 쉬는 도서관, 2014)

여름. 배움의 숲으로 가자

　여행을 하는 데에 가장 중요한 것은 무엇일까? 여행 경비일까? 가고자 하는 곳에 대한 지도나 자세한 정보일까? 그렇다. 경비나 지도 그리고 여행지에 대한 정보는 매우 중요한 요소이다. 그러나 그 무엇보다도 필요한 것은 여행하는 이의 열린 마음이다. 새로운 곳에 대한 호기심과 부딪치게 될 여러 상황에 대한 용기, 만나는 많은 것에 대한 긍정적인 시각이 바로 그것이다.

　우리는 사실 날마다 여행을 한다. 자기를 내려놓고 객관적으로 볼 수 있다면 세상 모든 것과의 만남이 여행이다. 그러나 반복되는 일상을 넘어서 길을 떠나는 것에 더 큰 의미를 부여하기도 한다. 여행은 우리를 삶의 주인공으로 만든다. 그 여행에서 때로는 잘 모르는 곳이나 어려운 상황에 놓이기도 한다.

그럴 때는 어떻게 해야 할까? 신동흔의 『왜 이야기의 주인공들은 모두 길을 떠날까?』에서는 이렇게 말한다.

어느 날 갑자기 거친 숲에 던져진다면? 옛이야기의 주인공은 말합니다. 있는 힘을 다해 달리고 또 달리라고. 주저앉지 말고 길을 찾아 움직이라고. 이리저리 재고 눈치 보느라 쩔쩔매지 말고 자기 자신을 믿고 나아가라고. 그렇게 숲의 힘을 자기편으로 만들라고.[11]

여행은 의도적으로 자신을 거친 숲에 던져두는 행위이다. 우리는 거기에서 일상적이지 않은 경험을 한다. 그 경험들이 차곡차곡 쌓이면 자기 자신을 믿는 힘을 갖게 되고, 인생의 진짜 주인공이 될 수 있다. 세상의 힘을 자기편으로 만들 수도 있을 것이다.

의진이네 가족은 얼마 전 9박 10일 일정으로 미국 서부를 다녀왔다. 여행은 로스앤젤레스에 도착해서 할리우드로부터 시작되었다. 캘리코 유령 마을(Calico Ghost Town)이라는 은광촌을 거쳐서 라스베이거스로 지나 그랜드캐니언을 만나는 일정이었다. 그리고 마지막 일정은 다시 로스앤젤레스로 가서 그곳의 고모할머니 댁에서 머무는 것이었다.

위 책들은 미국 서부 여행을 위해 의진이가 준비한 책으로 여행을 가기 전에도 읽고, 여행 중에도 내내 읽었다. 『어린이를 위한 용기』는 부제가 '용기는 내 안에 있어요'이다. 이 책에서 용기란 "마음과 정신의 힘"이라고 이야기한다. 용기는 "자신이 원하는 만큼 이미 가슴속에 들어 있고", 해야 할 일은 "가슴속에서 용기를 찾아낸 다음 그걸 꺼내는 것"이라는 것이다. 그리고 "진정한 용기를 낸다면 모든 어려움을 이겨낼 수 있고, 어디든지 갈 수 있고, 무슨 일이

---

11) 신동흔, 『왜 이야기의 주인공들은 모두 길을 떠날까?』, 샘터, 2014, 51쪽.

든 해낼 수가 있다"고 말한다. 여행을 떠나서 새로운 상황과 마주치는 이들에게는 특히 필요한 내용이다.

세르게이 코즐로프(Sergei Kozlov)와 유리 노르슈테인(Yuriy Norshteyn)이 지은 『안개 속의 고슴도치』는 고슴도치가 친구인 곰을 만나기 위한 아름다운 숲 속의 여정을 그렸다. 고슴도치가 걸어가는 길 위에서 여러 가지 상황이 발생한다. 위험하고 위협적일 줄 알았던 것들을 자세히 살펴보고, 가만히 만져보면 모두가 눈부시게 아름다운 것들이었다. 우리가 어떤 길을 걷든지 그 길을 걷는 과정에서 많은 것으로부터 도움을 받고 있다는 것을 깨닫게 하는 책이다. 앞이 보이지 않는 안개 속의 숲에서 고슴도치는 부엉이와 개, 말 등의 동물들을 만난다. 이들은 우리가 여행 중에 접하게 되는 여러 사람이나 사건과도 같다. 고슴도치는 안개 속에서 산딸기 잼을 잃어버리기도 하고, 물에 빠지기도 한다. 그러나 누군가의 도움으로 무사히 곰에게 도착한다. 만났던 모든 것의 보이지 않는 힘에 의해서 가능한 일이었다. 고슴도치를 기다린 곰은 "네가 없다면 내가 누구랑 별을 셀 수 있겠니?"라고 말하고 또 말한다. 그리고 곰의 말을 들은 고슴도치는 '우리가 다시 만났으니 모든 게 다 잘 된 거야'라고 또 생각한다.

유리 노르슈테인은 이 책을 애니메이션 영화로 만들기도 했다. 약 10분 동안의 감상을 통해 세상의 이면에 존재하는 비밀을 엿보는 즐거움을 느낄 수 있다. 특히 어둠 속에서 실체를 확인할 수 없는 무엇인가를 두려워하는 고슴도치가 생각난다. 고슴도치는 산딸기 잼을 던져두고 그것을 막대기로 조심스럽게 쳐본다. 그때 갑자기 환하게 드러나는 아름답고 커다란 나무의 모습은 감동적이다. 우리는 무엇인가를 잘 모를 때 특히 두려워한다. 하지만 알고 나면 그것을 사랑하게 될 수도 있다. 우리가 진짜 두려워하는 것은 '두려움'이라는 그 마음이다.

의진이네 가족의 미국 서부 여행의 시작 지점인 할리우드는 우리가 아주 잘 알고 있는 영화 산업의 메카이다. 이곳에서는 애니메이션도 많이 만들고 있어서 아이들에게도 꽤 친숙한 곳이다. 고전적인 내용인 「인어공주」나 「슈렉」 등의 영화부터 얼마 전 개봉한 「인사이드 아웃」까지 다양한 작품이 우리의 사랑을 받았다. 의진이는 오래전에 재미있게 보았던 영화인 「슈렉」을 여행하기 전에 다시 보았다고 한다. 그리고 할리우드에 와서 「슈렉」과 다정한 사진을 찍기도 했다. 의진이의 사진을 보니 어디선가 피오나 공주가 금방이라도 튀어나올 것만 같았다. 드림웍스의 애니메이션인 「슈렉」은 『당나귀 실베스터와 요술 조약돌』로 콜더컷 상을 받은 윌리엄 스타이그(William Steig)의 작품을 원작으로 만들었다. 책은 영화와는 다소 다르다. 못생긴 슈렉과 피오나 공주가 자신들의 삶을 긍정하며 당당하게 살아가는 이야기다. 작가는 '슈렉'을 통해서 우리들이 당연하다고 생각하는 여러 가지 가치에 의문을 제기한다.

할리우드에서 즐거운 시간을 보낸 의진이네 가족은 기나긴 사막을 지나 '캘리코'라는 은광촌에 도착했다. 이곳은 여행 중에 의진이가 가장 좋아했던 곳이기도 하다. 미국 서부 시대를 그대로 재현한 곳으로, 차를 타고 가다보면 흙산에 크게 'CALICO'라고 쓰여져 있다. 1800년대에는 은을 찾아서 많은 사람들이 모여들었던 곳이다. 한때 이곳의 인구는 1,200명 정도였으며 그중 반수가 광부였다고 한다. 하지만 은의 값어치가 떨어지자 곧 버려진 마을이 되었다. 폐광이 되어서 사람이 살지 않았는데 교육전시관으로 만들어지면서 지금과 같이 보존된 것이다. 그 시대를 그대로 재현해놓은 학교와 호텔 그리고 식당 등의 다양한 시설이 있어서 의진이에게는 더욱 재미있는 경험이 되었다고 한다.

그 후 캘리코를 지나서 라스베이거스를 거쳐 그랜드캐니언에 도착했다. 그랜드캐니언은 미국 애리조나 주에 있는 콜로라도 강이 고원을 가로질러 흐르는 곳에 형성된 대협곡이다. 길이 447km, 너비 6~30km, 깊이 1500m로 웅장

한 모습이다. 이 협곡은 인간의 힘으로는 도저히 이해할 수 없는 장엄한 경관을 보여준다. 그랜드캐니언의 수평 단층은 20억 년 전 과거의 지질학 역사를 거슬러 올라간다고 한다. 대자연의 광경과 헤아리기 힘든 시간의 무게 앞에서 인간은 겸손해질 수밖에 없다.

아쉽지만 그랜드캐니언의 광경을 뒤로한 채 다시 일정에 올랐다. 팔로스 버디스(Palos Verdes)의 고모할머니 댁으로 향했다. 오랜만에 만난 고모할머니 댁에서 여행의 마지막 날을 편히 쉴 수 있었다. 깨끗하고 단정한 캘리포니아의 햇살과 푸른 나무 아래서 오랫동안 이야기를 나누었다. 정원에서 보이는 멋진 바다 풍경이 여행의 피로를 달래주었을 것이다. 그렇게 맛있는 음식을 나누고 편안한 잠자리에서 미국 서부 여행의 마지막 날을 보냈다. 가끔 잠결에 멀리서 들리는 태평양 바다의 높고 낮은 파도 소리에 잠을 깨기도 하지 않았을까? 아마 오랜 여행에 한국이 그리워지기도 했을 것이다.

여행을 통해서 우리는 깨닫게 된다. 진짜 여행은 나를 만나는 것이라는 것을, 만나기 위한 지난한 과정이라는 것을. 그래서 모든 여행에서 가장 중요한 것은 의진이가 준비했던 책 속의 '용기'나 '안개 속의 고슴도치'가 깨닫게 된 것과 같은 것들이다. '세상 모든 것이 결국에는 나의 여정을 돕고 있었다'는 바로 그 사실이다.

PART 3

가을,
많이 느끼고
깨닫는 아이

바로 오늘이 생애 가장 기쁜 날이니,
기쁨을 맘껏 누리라.

타샤 튜더(Tasha Tudor)

자연의 순환

●
나는 무엇으로 이루어져 있을까
『사슴아 내 형제야』(간자와 도시코 글, G. D. 파블리신 그림, 이선아 옮김, 보림, 2010)

　네덜란드의 인류학자 헤이르트 호프스테더(Geert Hofstede)가 정의한 '문화'는 '특정 집단이 세상에 태어나서 살아가는 동안 생각하고 말하는 것이 나타난 유무형의 총체적인 생활 방식'이다. 그런데 그러한 문화는 상대성을 갖는다. 우리는 흔히 다른 나라의 색다른 음식 문화나 장례 문화, 의복 문화, 결혼 문화, 일상 문화 등에서 문화의 상대성을 느낀다.

　내게는 놀라웠던 장례 문화가 있다. 티베트의 천장(Sky Burial)이 바로 그것이다. 각 나라마다 고유한 장례 풍습이 있다. 이것은 그 사회의 가치관을 잘 보여주는 의식이라고 할 수 있다. 한 인간의 탄생과 죽음은 가장 본질적인 부분이기 때문이다. 티베트의 장례 풍습인 천장은 사람이 죽고 나면 그의 시체를 새들에게 주어서 하늘로 올려 보내는 것이다. 해체하는 사람을 천장사라고 부르는데, 우리의 생각과는 다르게 그들을 '영혼을 하늘로 올려 보내주는 사람'으로 인식하고 존경의 대상이라 여긴다고 한다. 이러한 문화는 티베트의 종교와 지리적 요건이 결합하여 만들어졌다. 티베트는 고온 건조한 기후에 물이 부족해서 시체를 땅에 묻어도 부패가 되지 않아서 매장을 하지 않는다. 또한 목재가 귀하기 때문에 화장하기도 힘들다고 한다. 티베트인들은 종교적인 이유로 윤회를 깊이 믿기 때문에, 오히려 죽은 후 자기의 시신을 독수리에게 보시(報施)한다고 생각한다는 것이다. 이처럼 그 나라의 환경적인 조건과 종교로 인한 장례 문화는 많이 다를 수도 있다.

결혼 문화도 마찬가지다. 남인도 지역의 토다족은 일처다부제로 여자는 결혼하면 남편 동생들의 아내 역할도 해야 한다. 이것을 형제다부혼이라고 한다. 이후 여자가 임신하게 되면 맏형이 자식의 아버지라는 표시로 여자에게 화살을 기증한다. 다른 형제들도 화살을 기증하는 절차를 밟아 아이의 아버지가 될 수 있다.[1] 자녀 부양에 대한 의무는 사회적으로 정해진 아버지에게 있다고 한다.

우리는 다른 문화를 만나면 우선 당황스럽다. 이것을 '문화 충격(Culture Shock)'이라고 하는데, 점차 세계화가 진행되면서 생소한 다른 문화를 많이 접하게 된 현재는 문화 충격을 받는 것이 조금 덜하기는 하다. 그리고 그 문화들이 특정 지역에 사는 사람들의 환경이나 기후 등에 맞는 합리적인 방법이라는 것도 알고 있다.

간자와 도시코(神澤利子)의 『사슴아 내 형제야』는 시베리아의 숲과 강 그리고 거대한 자연 속에서 살아가는 인간과 동물의 삶을 담은 아름다운 그림책이다. 숲에서 태어난 사냥꾼 청년은 사슴 고기를 먹고, 사슴 가죽을 덮고, 사슴의 힘줄로 꿰매서 만든 옷을 입는다. 오랜 세월 동안 청년의 할아버지와 아버지도 사슴으로부터 생명을 얻어 살았다. 청년은 "나는 사슴 고기를 먹는다. 그것은 내 피와 살이 된다. 그러므로 나는 사슴이다"라고 말한다. 인간과 자연이 하나되어 살아가는 모습을 잘 표현한 말이다. 이 책의 표지에는 뿔이 아주 멋진 수사슴이 그 뿔과 비슷한 나뭇가지를 가진 숲에 서 있는 모습이 보인다. 다시 한 장을 넘기면 몽골 사람으로 보이는 복장을 한 젊은이가 배를 타고 강을 지나

---

1) 김종년, 『한 달간의 아름다운 여행: 아프리카 인도편』, 선 미디어, 2005, 34~35쪽 참조.

는 모습이 보인다. 그리고 비로소 그림책이 시작하는 부분에서 젊은이는 이렇게 말한다.

나는 시베리아의 숲에서 태어난 사냥꾼이다.
내 옷은 사슴 가죽, 내 신발도 사슴 가죽.
옷도 신발도 사슴의 다리 한쪽을 실 삼아 꿰매었다.
나는 사슴 고기를 먹는다.
그것은 내 피와 살이 된다.
그러므로 나는 사슴이 된다.

그 젊은이는 총을 들고 숲에 서 있다. 숲의 저편으로 보이는 커다랗고 멋진 뿔을 가진 사슴은 누군가를 부르는 것 같기도 하다. 사슴을 만나기 위해 강을 거슬러 오르는 젊은 사냥꾼의 모습을 그린 장면에서 숨이 턱 멎을 뻔했다. 시호테알린 산맥의 침엽수 숲의 기운이 그대로 전해졌다. 사냥꾼과 함께 배를 타고 깊은 숲 속으로 들어가는 것만 같은 기분이 들었다. 그대로 누워 있고 싶을 정도로 숲은 아름다웠다. 숲으로 들어가는 사냥꾼은 자신의 어린 시절을 회상한다. 어린 날 그는 숲이 금빛으로 빛나는 계절에 버섯을 따다가 잠이 들었다. 어린 시절 숲에서 잠이 든 어느 날 그는 어린 암사슴을 만난다. 암사슴은 자신의 새끼를 핥아주듯이 자신의 귀를 핥아준다. 할짝, 할짝, 할짝.

그 소리는 금빛 숲의 소리가 되고
내 온몸은 귀가 되어 스르르 녹아들었지.
할짝, 할짝, 할짝.

암사슴과 만난 아름다운 순간을 묘사한 부분이다. 어른이 되어서 이젠 아내와 아이를 부양해야만 하는 젊은이는 강물을 거슬러 노를 젓는다. 사슴을 만

가을, 많이 느끼고 깨닫는 아이

나러 간다. 사슴을 잡을 수 있을 것인가 하는 약간의 걱정도 된다. 물론 이 걱정은 자신이 형제와 같은 사슴을 정말로 잡을 수 있을 것인가도 포함한다고 생각해본다. 그는 사슴을 부른다. 총을 꺾어서 총부리에 입을 대고, 암사슴의 울음을 흉내 낸다. 가장 슬픈 장면이다.

보오 보오오
비우 비오오우.

사슴을 쏜다. 쓰러진 사슴에게 다가가 이야기한다.
"고맙다, 내 친구, 내 형제야"라고.

무릎을 꿇고 단정하게 앉아 사슴의 살을 발라낸다. 달이 뜬 강을 작은 배를 저어서 고요히 내려간다. 그가 가져가는 사슴 고기를 보면 그의 아내와 아이는 기뻐하겠지. 달이 훤하게 뜬 강에서 사냥꾼은 조용히 노래한다.

사슴아, 내 아름다운 형제야.
네 영혼은
숲의 신령에게 돌아가
그 곁에서 편히 쉬다
다시 이 숲으로 돌아오겠지.
다시 내 앞에 모습을 나타나겠지.

둥근달이 떠오르고
강 물결이 은빛으로 부서진다.
부우부우
올빼미가 운다.

조각배는 강을 내려간다.
조각배는 강을 따라 내려간다.

시와 같이 아름다운 문장과 이국적인 그림이 무척이나 인상적이다. 젊은이가 살고 있는 숲에서는 사슴을 먹고, 사슴 가죽을 입고 생활한다. 사슴으로 삶의 많은 부분을 해결할 수밖에 없다. 먹을 것과 입을 것 등이 사슴으로 이루어졌기에 자신을 사슴이라고 생각한다. 어린 날 만났던 사슴의 모습을 기억하고, 할아버지와 할머니의 품에서 들었던 사슴 이야기를 떠올리는 젊은이의 모습은 안타깝기도 하다. 이제 자신은 성인이고 아내와 자식을 책임져야 하는 가장이다. 할아버지와 아버지가 해왔던 그 역할을 이젠 자신이 해야 한다. 사슴을 만날 결심을 하고 총구를 거꾸로 들어 암사슴 소리를 내어 사슴을 부른다. 그 소리를 듣고 와준 사슴은 왠지 모든 것을 다 알고 있는 것 같기도 한다. 그들의 삶을 이해할 수 있었다.

현재 우리 사회는 스스로 생각할 힘을 잃어버린 사람들도 많다. 자신이 아는 범위 안에서 과거의 경험만으로 세상을 보기 때문에 우리는 누구나 편견을 가질 수밖에 없다. 소통이 필요한 사회에서의 필요한 것은 타인의 생각을 듣는 것이다. 타인의 삶을 보고, 만남으로써 나를 알게 되는 것이다. 나의 삶으로 타인을 이해하는 것이다.

우리는 다른 문화권의 생각과 모습을 보면서 배우고 경험한다. 다른 문화를 바라볼 때 문화의 다양성을 인정하고 각 문화의 독특한 환경과 역사적이고 사회적인 상황에서 이해해야 한다. 그래서 어떤 문화 요인도 나름대로 존재 이유가 있다는 것을 인식해야 한다. 다른 나라의 문화를 이해할 때에는 그 나라의 문화와 환경 요소를 고려해야 한다. 아이도 이런 사실을 이해할 때 다른 문화를 진정으로 이해하고 수용하는 어른으로 자라날 것이다. 모든 문화에는 우열이 없고, 다만 그들의 독특한 삶이 있다는 것을 알게 될 때 이 책을 더 사랑할 수 있을 것이다.

엄마와 아이가 함께 해요

📖 책을 읽기 전에

『사슴아 내 형제야』는 문명의 도시를 살고 있는 우리에게 많은 것을 생각하게 만든다. 주인공의 삶이 우리가 살아가는 현실의 가치관과는 많이 다르기 때문이다.

여러 사례를 들어 다른 나라의 문화의 다양성에 대해 아이와 이야기해본다. 다른 문화를 배타적으로 생각하기보다는 그들의 맥락에서 이해하려는 노력이 필요하며, 문화 차이를 받아들이고 열린 마음을 갖는 것이 중요하다. 즉, 문화 간의 소통이 중요한 것이다. 그리고 열등감이나 우월감이 없이 서로 다른 문화를 존중해야 한다. 아이에게 우리와 차이가 나는 다른 나라의 문화를 알려준다.

🖎 국가별 인사법[2]
- 일본: 허리를 여러 차례 굽히면서 인사한다.
- 인도: 양손을 입에 붙였다 떼었다 하면서 서로 포옹한다.
- 티베트: 귀를 잡아당기면서 혓바닥을 내미는 것이 친근함의 표시이다.
- 에스키모족: 서로의 뺨을 친다.
- 아프리카: 마이족은 뺨과 발바닥을 핥는다. 마사이족은 상대의 얼굴에 침을 뱉는다. 축복과 행운의 의미이며, 상거래 시 장사꾼 상호 간의 흥정을 위해서 다 같이 침을 뱉는 일도 있다. 아프리카 동부의 일부 부족은 상대의 발에 침을 뱉는다.

---

2) 권경리 · 한광종, 『국제매너와 이미지메이킹』, 백산출판사, 2014, 78쪽 참고.

- 사우디아라비아: 악수를 한 후에 양쪽 뺨을 대며 입맞춤을 한다.
- 멕시코: 서로 껴안으며 인사를 한다.
- 중동: 남녀 간에 악수를 금지한다.
- 이스라엘: 상대방의 어깨를 잡으며 한다.
- 영국: 남녀 사이에도 악수를 많이 한다. 악수가 인간관계의 친밀함을 나타낸다고 인식하기에 사양하면 실례이다. 입으로 소리만 내는 볼 키스가 대중화되어 있다. 남성들끼리도 하지만 간혹 꺼리는 사람들이 있으므로 주의해야 한다.

📞 국가별 선물 선택 시 주의할 점[3]
- 중국: '흰색'은 죽음을 의미해서 선물하지 않으며, 파란색과 검은색의 물건도 좋아하지 않는다. '우산'은 이별을 뜻하는 단어와 발음이 비슷하다. 그 외에도 '꽃다발', '시계', '학 또는 황새가 그려진 물건'은 선물하지 않는다. '손수건'이나 '괘종시계'도 선물하지 않는다. 대부분의 이유는 죽음과 단절의 의미를 가지고 있기 때문이다.
- 일본: 흰색 종이 포장이나 흰색의 꽃은 죽음을 의미하므로 선물로 적합하지 않다. 숫자 4와 관련된 물건이나 4개가 세트인 선물도 싫어한다. 네 송이의 꽃과 더불어서 아홉 송이의 꽃도 좋지 않다. 일본어로 숫자 9가 고통을 의미하는 단어와 발음이 비슷하기 때문이다. '칼'이나 '부채' 등도 상징적 의미가 좋지 않아서 선물하지 않는다.
- 미국: 백합은 죽음을 암시하므로 선물하지 않는다. 꽃을 선물할 때는 여러 꽃을 섞는 것을 좋아하지 않는다.

---

3) 권경리 · 한광종, 위의 책, 143~147쪽 참고.

- 독일: 포장한 꽃을 좋아하지 않으며 홀수로 선물한다. 짝수의 꽃은 불행을 가져온다고 생각한다. 그러나 열세 송이 꽃은 선물하면 안 된다. 또한 흰 국화도 죽음을 상징해서 꺼린다. 선물을 포장할 때 흰색, 검정색, 갈색의 포장지와 리본을 사용하지 않는다.
- 프랑스: 와인이나 향수를 선물하는 것은 상대방이 곤란해할 수 있다. 지극히 개인적인 취향의 물건도 삼가는 것이 좋다. 빨간 장미는 연인끼리만 준다. 카네이션 역시도 장례식용 꽃이라 불길하다고 생각한다.
- 말레이시아: 이슬람신도가 많다. 개를 부정한 동물로 여기기 때문에 개의 모양이나 그림이 들어간 것은 삼간다. 노란색은 왕족만의 색이므로 피하는 것이 좋다.
- 인도: 힌두교인들은 소를 신성시하므로 소를 이용하여 만든 상품은 선물하지 않는다. 벨트나 지갑도 소가죽으로 만든 것은 안 된다. 칼이나 가위, 손수건, 샌들을 선물하지 않는다.
- 브라질: 멕시코와 브라질에서는 자주색과 보라색, 검은색은 삼간다. 죽음을 상징하기 때문이다. 칼은 인간관계의 단절로 생각해서 꺼린다.
- 멕시코: 은으로 만들어진 물건은 선물하지 않는다. 은으로 된 선물은 관광객에게 파는 것으로 인식하고 가장 값싼 선물로 평가한다.
- 러시아: 러시아인의 집에 초청받을 때는 절대로 빈손으로 가지 않는다. 와인이나 작은 케이크, 예쁜 포장의 작은 초콜릿이라도 가져간다.

🖎 비언어적인 요소

문화권에 따라 비언어적인 요인에 대한 해석은 차이가 있다. 예를 들자면 불교 국가인 태국에서 아이의 머리를 쓰다듬는 것은 안 된다. 머리에 부처가 있다고 믿기 때문이다. 또 일본인의 경우에는 속마음인 '혼네'와 겉으로 드러내는 '다테마에'가 있기에 신중해야 한다. '혼네'는 속마음을 이야기하는데 지리적인 특성으로 일본 사회에서 자신의 주장을 내세우지 않고 타인에게 맞추어가는 경향이 오랜 세월에 걸쳐서 문화로 자리 잡은 결과이다. 다음은 각 나라별 비언어적 의사소통 방법이다.[4)]

- 손바닥을 아래로 하여 손짓: 중동이나 극동 지역에서는 누군가를 오라고 부르는 의미이고, 서구에서는 가라는 의미로 사용된다.

- 손가락으로 만드는 동그라미 사인: 우리나라에서는 '좋다'나 '돈'의 의미로 사용된다. 일본에서는 '돈'이라는 뜻이고 프랑스에서는 '가치 없다'는 뜻이다.

- 엄지손가락을 세우는 것: 한국, 태국, 캐나다, 일본에서는 '최고' 또는 '좋다'의 의미이다. 영국이나 호주, 뉴질랜드 등에서는 히치하이크를 위해서 자동차를 세울 때 하는 사인이다. 인도네시아에서는 사물을 가리킬 때 엄지손가락을 사용한다.

- 손바닥을 바깥쪽으로 향한 V자 사인: 유럽에서는 승리의 의미이지만 그리스에서는 욕설이다. 반면, 그리스에서는 손등을 바깥쪽으로 하는 사인이 승리를 의미한다.

- 손바닥을 펴서 흔드는 행위: 유럽이나 한국 등에서는 '안녕'의 의미이고, 그리스에서는 '당신의 일이 잘되지 않기를 바란다'라는 의미이다.

- 합장: 태국이나 기타의 불교 국가에서는 합장이 '인사'의 의미지만, 핀란드에서는 거만함을 나타낸다.

- 머리를 위아래로 끄덕이는 행위: 대부분은 긍정의 표현이지만, 불가리아나 그리스에서는 부정의 뜻이다.

---

4) 권경리·한광종, 위의 책, 16~18쪽 참고.

- 엄지로 코를 미는 행위: 유럽에서는 조롱의 의미이다. 코를 만지며 이야기하는 것은 이탈리아에서 '다정한 충고'의 의미로 사용되며, 영국에서는 '비밀'이라는 뜻을 가지고 있다.
- 입 가리기: 동양권에서는 '수줍음'의 의미로 받아들이지만, 서양에서는 '거짓말'을 할 경우에 그렇다고 생각한다. 이것은 눈을 마주치고 이야기하는 경우에도 그렇다.
- 손등을 상대에게 보이고 영어 알파벳의 Y자 모양을 만드는 사인: 'Shaka Sign'으로 하와이에서는 '잘 지내라'는 의미이다.

📖 책을 읽고 나서

😶 생각 연습

우리의 가치관이 모두 맞다고 생각하지만 가치관은 시대나 환경에 따라서 형성된 것으로 변화한다. 공주나 새엄마에 대한 일반적인 가치관을 뒤엎은 '흑설공주' 이야기나 구석기 시대의 '빌렌도르프의 비너스(Venus of Willendof)'를 보고 시대에 따라서 달라지는 생각을 살펴보자.

↘ 일반적인 가치관에 대한 다른 생각

다음은 바바라 G. 워커(Barbara G. Walker)의 『흑설공주 이야기』를 요약한 글이다. 이 이야기를 들려주고 일반적인 공주의 외모, 계모에 대한 생각과 다른 생각을 이야기해보자.

옛날 어느 나라의 왕비는 검은빛의 눈을 보며 자신도 저런 피부를 가진 딸을 갖고 싶어했다. 얼마 뒤 태어난 딸은 피부가 희고 머릿결이 칠흑같이 검었다. 흑설공주가 태어나고 얼마 후, 왕비가 죽고 왕은 새 왕비를 맞이했는데, 유명한 마법사였다. 그녀는 성품도 온화하고 아름다운 여성이었다. 흑설공주는 날이 갈수록 아름답게 커가고, 신분 상승을 목적으로 헌터 경은 흑설공주에게 청혼하지만 흑설공주는 거절한다. 그러자 헌터 경이 착한 왕비를 구슬려서 공주를 내쫓으려고 하지만 왕비는 그런 헌터 경의 생각에 빠지지 않았다. 공주의 미움을 산 헌터 경은 왕비의 질투심을 부추겨 공주와의 사이를 이간질시키려고 시도하나 둘의 사이는 좋았다. 진실을 말하는 거울이 흑설공주가 가장 아름답다고 해도 왕비는 분노하지 않았다. 헌터 경의 모략을 눈치챈 왕비는 일곱 난쟁이들을 부른다. 그들에게 보석을 주며 흑설공주가 어려움에 빠지게 되면 도와주고 헌터 경을 감시해달라고 부탁한다. 마침내 이웃 나라의 왕자가 흑설공주에게 청혼하러 오고 마음이 급해진 헌터 경은 공주를 납치하려 한다. 그러나 일곱 난쟁이들 때문에 실패하게 되고 난쟁이들의 나라로 끌려간다. 그리고 얼마 뒤 이웃 나라에서 온 챠밍 왕자와 흑설공주가 결혼하여 왕과 왕비와 행복하게 산다.

↘ 시대에 따라 달라지는 생각

시대에 따라 미의 기준은 달라지고 있다. 구석기 시대의 「빌렌도르프의 비너스」를 보고 현대의 미인과 비교해보자.

Tip. 「빌렌도르프의 비너스」

현대적인 미의 기준에서 굉장히 벗어난 이 작은 조각상은 1909년 오스트리아 다뉴브 강가의 빌렌도르프에서 철도 공사를 하던 중 발견되었다. 조각상의 의미나 제작 배경 등은 거의 알려져 있지 않다. 여성의 인체 묘사의 표현으로 사실적인 모습을 나타내려 한 것이 아니라 출산을 상징하는 원시적인 주술의 도구, 혹은 숭배의 대상이라는 의견이 지배적이다.

✐ 쓰기 연습

↳ 질문하고 답변 쓰기

질문은 아이를 생각하게 하는 좋은 방법은 중 하나이다. 여러 가지 가능성을 생각해보고 대답할 수 있는 질문을 만드는 것도 마찬가지이다. 다음과 같이 주인공에게 '왜'로 시작하는 질문을 만들어 써보자.

'왜' 사슴을 사냥하게 되었나요?
'왜' 암사슴의 울음을 흉내 냈나요?
'왜' 사슴을 형제라고 생각하나요?

_____

_____

_____

↳ 주인공 청년의 입장이 되어 위의 질문에 대한 답변을 써보자.

_____

_____

_____

↳ 이야기의 줄거리를 써보자.

_____

_____

_____

Tip. 줄거리 쓰는 법

① 등장인물과 시간, 사건 등을 정리한다.

② 시간 순서대로 이야기를 배열한다.

③ 한 문단 안에 마무리한다.

🎤 말하기 연습

↘ 말을 잘하는 사람들의 모습을 관찰해보자.

↘ 다섯 고개 놀이를 해보자.

엄마: 동물인가요?

아이: 네.

엄마: 자주 볼 수 있나요?

아이: 아니오. 동물원에 있습니다.

엄마: 몸집이 아주 큰가요?

아이: 네, 크고 회색입니다.

엄마: 이름이 몇 글자인가요?

아이: 세 글자입니다.

엄마: 코끼리입니다.

아이: 네, 맞았습니다.

Tip. 다섯 고개 놀이

'다섯 고개 놀이'는 친구나 엄마와 서로 질문과 대답을 다섯 번씩 주고받으면서 상대방이 생각한 것을 알아맞히는 게임이다. 질문하는 방법은 기준(동물, 식물, 사람 등)을 정해서 처음에는 일반적이고 광범위한 질문을 하고, 마지막에는 매우 구체적인 질문을 해야 한다. 대답하는 방법으로는 질문의 내용이 맞고 틀림을 정확하게 이야기해야 한다. 틀린 경우에는 더 자세한 설명을 해주어야 한다.

↘ 수수께끼 놀이를 해보자.

상현이는 1학년 1학기 여름방학 때 수수께끼를 채집해서 공책을 만들었다. 그 당시에는 오랜만에 뵙는 할머니, 할아버지나 이웃 어른들, 친구들을 만나자마자 그들이 알고 있는 수수께끼를 한 가지씩 물어보았다. 그들에게 자신이 가장 좋아하는 수수께끼를 듣는 것이다. 한 가지씩 이야기를 들으면 재미있게도 그 사람에 대해서도 살짝 엿볼 수 있는 것 같았다.

상현이가 공책 한 권을 채우고 나니 수수께끼에 대한 감각이 아주 좋아졌다. 수수께끼를 채집하더니 이제는 일상에서도 자연스럽게 말놀이를 즐기거나 수수께끼를 만들기도 한다. 다음의 수수께끼들은 그때 채집한 것들이다.

- 자라고 있는데 자꾸 자라라고 하는 것은? (자라)
- 머리 풀고 광에서 나오는 것은? (김치)
- 일 년에 한 번밖에 먹을 수 없는 것은? (나이)
- 소녀시대가 타는 차는? (제시카)
- 강은 강인데 못 건너는 강은? (요강)
- 보리는 보리인데 못 먹는 보리는? (장보리)
- 소리 내어 피는 꽃은? (나팔꽃)
- 세상에서 가장 큰 차는? (아프리카)
- 용서를 비는 과일은? (사과)
- 산속에 숨어서 남의 흉내만 내는 것은? (메아리)

Tip. **수수께끼 놀이**

수수께끼는 사물을 어떤 것에 빗대어 설명해서 이름을 알아맞히는 말놀이다. 말에 대한 감각과 재미있고 다양한 표현을 익힐 수 있다.

삶과 죽음에 관련된 작지만, 큰 이야기

『나무』(대니 파커 글, 매트 오틀리 그림, 강이경 옮김, 도토리숲, 2014)
『바람이 멈출 때』(샬로트 졸로토 글, 스테파노 비탈레 그림, 김경연 옮김, 풀빛, 2001)
『아버지와 딸』(미카엘 두독 데 비트 지음, 김미리 옮김, 이숲, 2013)

　나무는 열매를 맺고, 꽃을 피워야만 비로소 그 이름을 가진 나무가 된다. 열매와 꽃을 보기 전까지 우리는 그것이 어떤 나무인지 모르는 경우가 많다. 그런 점에서 나무는 사람을 닮기도 했다. 이름은 모르지만 세상에 똑같은 나무는 하나도 없다. 사람도 그렇다. 같은 모양으로 자라나진 않는다. 어떤 나무는 심하게 휘어져 곧게 서지 못했는데, 정원에서처럼 누군가 돌보아주는 이가 없어 아마도 바람과 햇살과 흙이 키운 것 같다. 그렇게 삐뚤게 자란 나무가 더 큰 그늘을 만들고 더 많은 열매를 맺는 것을 보면서 너무 큰 감동을 받았다. 세상 모든 것의 소외가 결국은 단단해지기 위한 과정이라 생각하니 주변에서 보는 나무들이 하나하나 다 애틋했다.

　나무의 사계절은 언제나 같다. 4월의 벚나무 아래서 우리는 들뜬다. 6월의 나무를 보면서 짙어질 녹음을 기다리고, 가을의 나무에서는 생명의 본질을 깨닫게 된다. 그리고 겨울의 나무는 다시 살기 위해, 가지 사이의 빈 공간을 채우기 위해 아무것도 남기지 않는다. 오로지 나무, 그 자신만으로 겨울을 살고 있다. 봄이 오면 새들이 찾아오고, 나무는 다시 푸른 잎을 내놓을 것이다. 나무를 보면서 우리 삶의 변함없는 진리를 만난다.

　대니 파커(Danny Parker)의 『나무』는 죽음과 삶의 순환을 다룬다. 무겁고 큰 주제지만 글과 내용은 간결하다. 작가 역시 아버지가 돌아가신 후 얼마 뒤 아이가 태어났을 때 이 책을 쓰게 되었다고 한다. 작은 나무가 큰 나무 아래에서 크다가, 어느 날 큰 나무가 생명을 다하자 작은 나무가 어느덧 큰 나무로 우뚝 서게 되었다는 이야기다. 그리고 그 나무 아래에서는 예전에 자신처럼 여리고 작은 나무가 자라기 시작한다. 세상의 모든 소멸 뒤에는 다시 새로운 탄생이 존재한다. 그러한 이치를 나무의 생애를 통해서 들여다볼 수 있다.

샬로트 졸로토(Charlotte Zolotow)의 『바람이 멈출 때』 역시 비슷한 이야기를 하고 있다. 이 책의 표지에는 아들과 엄마가 두 팔을 벌리고 부드러운 바람 사이에 서 있는 듯한 그림이 있다. 그 안에서 해와 달과 별 그리고 산과 나무와 꽃들과 집이 함께한다.

평안하게 하루를 놀던 아이는 날이 저무는 것을 보자 마음이 슬퍼진다. 아이의 아버지가 잠자리에서 이야기책을 읽어주고 엄마는 잘 자라는 인사를 하러 온다. 아이는 엄마에게 물어본다.

"왜 낮이 끝나야 하나요?"

엄마가 대답한다.

"그래야 밤이 올 수 있으니까. 저길 보렴. 밤이 시작되고 있지?"

그리고 또 이야기를 이어간다.

"밤은 달과 별 그리고 어둠과 함께 너를 위해 꿈을 준비하고 있단다."

아이가 다시 묻는다.

"낮이 끝나면 해는 어디로 가나요?"

엄마는 이야기한다.

"낮은 끝나지 않아. 어딘가 다른 곳에서 시작하지. 이곳에서 밤이 시작되면 다른 곳에서 해가 빛나기 시작한단다. 이 세상에 완전히 끝나는 건 없어. 다른 곳에서 시작하거나 다른 모습으로 시작한단다."

엄마는 낮이 끝날까봐, 무엇인가 사라질까봐 두려워하는 아이에게 이 세상에 완전히 끝나는 것은 없다고 말해준다. 아이는 아마 안심하며 푸근하게 잠을 자게 되었을 것이다. 책의 원래 제목은 'When the wind stops'이다. 가끔 해가 질 무렵에 상현이와 외출에서 들어올 때면 집 근처의 낮은 산 너머로 석양을 볼 수 있다. 하늘은 노을로 물들어가고 갖가지 색의 빛은 우리를 편안하게 해준다. 그럴 때면 '어딘가 다른 곳으로 바람이 불어가, 나무들을 춤추게' 한다고 노래하는 이 책이 생각난다.

네덜란드 작가인 미카엘 두독 데 비트(Michael Dudok de Wit)의 『아버지와 딸』은 애니메이션으로 먼저 접한 작품이다. 애니메이션은 8분 정도 분량의 내용을 담고 있는데, 네덜란드의 넓은 평원을 잘 묘사했으며 아름다운 음악과의 조합으로 더욱 감동적이다. 이 작품은 프랑스 안시 애니메이션 페스티벌(Annecy International Animated Film Festival)에서 그랑프리를 받은 것을 비롯해서 각국에서 열린 애니메이션 영화제에서 20여 개의 상을 받기도 했다.

아버지가 떠나가고 딸은 그가 떠난 둑길 끝에서 아버지를 기다린다. 매일 자전거를 타고 나가 아버지가 떠나간 자리에서 기다리며 그리워한다. 딸은 어른이 되고, 아이를 낳고, 할머니가 되고, 시간은 그렇게 흐른다. 누구에게나 그렇듯이 시간은 딸에게 많은 것을 주었다. 그러나 여전히 아버지는 돌아오지 않는다. 아마도 아버지의 죽음을 상징적으로 이야기한 것 같다. 할머니가 되어서도 여전히 둑길에 나갔지만 타고 돌아갈 자전거가 자꾸 쓰러진다. 그녀는 자꾸 쓰러지는 자전거를 그냥 놓아둔 채 이제는 물이 다 말라버린 둑 아래로 내려간다. 다시는 돌아갈 힘이 없을 때 들어간 그곳에서 아버지의 배를 만난다. 그곳에 누운 그녀는 이제야 편안하다. 거기서 아버지를 다시 만난다.

삶의 기쁨과 슬픔과 죽음을 알려주는 이 책을 조심스럽게 아이와 함께 읽어보는 것도 좋을 것이다. 엄마의 생각이나 관점을 이야기하려 하지 말고, 그냥 읽어주고 그림을 보여만 줘도 괜찮다. 이 책에서 참 인상적인 장면이 있다. 여름날 친구들과 즐겁게 웃으며 자전거를 타고 둑길을 달리면서도 아버지를 떠올리며 생각에 잠기는 딸의 모습이다. 삶의 기쁨의 순간에도 슬픔이 공존하는 모습이다.

가을이면 나무는 준비를 한다. 죽음과 새 삶을 위해서 스스로를 절제한다. 내년 봄에 다시 만날 나무는 더욱더 단단한 모습이 되어 있을 것이다.

엄마와 아이가 함께 해요

📖 책을 읽기 전에

✎ 가을과 관련된 음악을 들어본다. 음악을 듣고 아이와 느낌을 나눈다.

✎ 동네를 지나다니면서 '나만의 나무'를 만들어본다. 일정한 기간을 두고 그 나무에 나타나는 변화를 관찰한다. 이 관찰은 봄부터 시작하면 더욱 좋다. 주위에 그 나무와 비슷하게 생긴 친구 나무들도 봐두고 함께 관찰해도 좋다. 나무의 사진을 찍어서 스크랩을 해두면 더욱 좋다. 스크랩을 할 때에는 나무

가을, 많이 느끼고 깨닫는 아이

전체를 찍어도 좋지만 나무에 대한 소개와 쓴 이름표 정도만 찍어서 스크랩을 해도 좋다. 엄마도 만들고 아이도 만들어본다. 우리는 이 작업을 통해서 동네에 팽나무, 느티나무, 이팝나무, 소나무, 배롱나무, 상수리나무, 산딸나무, 대왕참나무, 살구나무, 매화나무 등이 있다는 것을 알게 되었다. 그리고 그 나무들에 대해서 조금씩 알아가며 친해지게 되었다. 나무와 친해진 후의 산은 분명 아이에게 새롭게 다가갈 것이다.

📖 책을 읽고 나서

💬 생각 연습

↘ 계절에 따른 나무의 변화 과정에 대해서 생각해보자. 싹이 트고 잎이 무성해지고 낙엽이 지고 하는 과정을 통해 나무의 일생을 생각해보자.

✏ 쓰기 연습

↘ 관찰한 나무에 대한 관찰문을 써보자.

_____

_____

_____

Tip. 관찰문 쓰기

우선 관찰할 대상을 정한다. 정한 대상을 일정 시간 잘 살펴보고 자료를 수집한다. 식물이라면 지형이나 볕과 같은 조건들을 먼저 알아본다. 그 후 꽃의 색이나 개화 시기, 열매의 형태 등을 자세히 살핀다. 사진을 넣으면 더 자세한 관찰문이 된다. 수집한 자료를 정리하여 '누가', '언제', '어디서', '무엇을', '어떻게', '왜'의 육하원칙에 맞춰서 관찰문을 작성한다.

🎤 말하기 연습

↳ 자신이 좋아하는 나무에 대해서 1분간 설명해보자. 이때, 엄마는 초시계와 종을 준비해서 1분이 지나면 종을 울린다.

Tip. 설명하기(explanation)

'설명'이란 학문이나 지식에 관하여 해명하는 기술 양식을 말한다. 학구적인 내용을 이치를 밝혀 순차적으로 전달하는 방식이다.

↳ 가장 좋아하는 나무나 꽃 이름의 끝 글자로 '끝말잇기 놀이'를 해보자.

수수 꽃 다리 → 리본 → 본 차이나 → 나비 → 비누 → 누명 → 명찰 → 찰떡 → 떡집 → 집현전 → 전시회 → _____ → _____ → _____ → → _____ → _____ → _____ → _____ → _____ → _____

가을. 많이 느끼고 깨닫는 아이

우리는 모두 작은 배로 인생을 건너는 여행자다
『작은 배』(캐시 핸더슨 글, 패트릭 벤슨 그림, 황의방 옮김, 보림, 2000)

귀여운 소년이 스티로폼으로 되어 있는 작은 배를 띄우면서 이 책의 이야기는 시작된다. 스티로폼 조각에다 막대기로 돛대를 세우고 끈으로 돛을 단 작은 배를 가지고 놀면서 "우린 가라앉지 않아. 내 배랑 나는!"이라고 흥얼거린다. 그러나 소년이 한눈파는 사이 산들바람이 불고, 배는 소년이 잡을 수 없는 곳으로 멀리 떠내려간다. 방파제 끝을 지나고 낚시꾼들을 지나서 게 잡이 배와 돛단배도 지나고 등대를 지나 아주 멀고 넓은 바다로 흘러간다. 바다를 여행하면서 멋진 풍광도 보게 되고, 자신과는 비교할 수 없는 커다란 유조선 옆도 지나게 된다. 유조선 옆을 지나갈 때는 바람에 휩쓸려 이리저리 흔들리게 된다. 자꾸자꾸 흔들리다 넓은 바다에 홀로 떠다니게 된다. 바람과 끝없는 하늘 아래서 숨을 쉬듯 넘실거리는 것은 바다뿐이다.

그러던 어느 날은 하늘이 컴컴해지기도 했다. 바다가 술렁이고 파도가 일고 속삭이던 바람이 으르렁대기 시작한 날도 있었다. 밤새도록 거친 파도에 춤을 추다가 다시 바다가 잔잔해진 아침도 경험한다. 커다란 물고기가 먹이인 줄 알고 낚아채서 입에 물고 아래로 내려가서 바닷속으로 간 일도 있다. 물고기와 게와 미끈거리는 바다풀과 난파선 조각들과 아무도 본 적 없는 어두운 바다 밑으로 내려가기도 했다가 다시 햇빛 밑으로 나가곤 했다. 그리고 고요한 바다를 떠다니다가 하얀 파도에 밀려 조금씩 바닷가로 다가갔다. 한 여자아이가 손을 뻗어서 발밑에서 출렁이는 작은 배를 주어 올린다. 소녀는 자기가 주운 작은 배를 가지고 놀면서 "우린 가라앉지 않아. 내 배랑 나는!"이라고 흥얼댄다.

위의 이야기는 캐시 핸더슨(Kathy Henderson)이 쓰고 패트릭 벤슨(Patrick Benson)이 그린 『작은 배』의 내용으로 이 책은 쿠르트 마슐러 상(Kurt Maschler Award)을 받기도 했다.

누구에게나 처음이 있다. 아이에게는 새 학년, 새 학기, 새로운 선생님, 새로운 친구들과의 만남이 그런 것이다. 그리고 이젠 그들과의 만남이 익숙해질 시기다. 처음 만남이 설렘을 주기도 하지만 커다란 유조선을 만났을 때와 같이 당황스러운 순간을 만들기도 한다. 부모가 되어서 살아가는 날들도 그렇다. 학교를 졸업하고, 사회에 나와서 일을 하고, 결혼을 하고, 아이를 낳아 키우면서 많은 일을 겪는다. 때론 기쁘기도 하고 또 어느 날은 힘들기도 한, 그런 날들을 보낸다. 아이를 키우면서도 항상 모든 것이 예상과 같이 되는 것은 아니다. 의외의 일들에 부딪치고 어려움이 있을 수도 있다.

아이의 한 학년 일정도 이와 마찬가지로 진행된다. 그리고 가을이 지나갈 무렵 아이가 보냈던 한 학년의 여행을 생각해보게 된다. 3월에는 학기가 시작되고, 학부모 총회 등 학교 행사가 있다. 이때 반 대표와 학교 일에 적극적으로 참여할 학부모를 뽑는다. 아이들은 새 학년과 새 반, 선생님, 친구들에게 적응하느라 힘들다. 한 학년을 결정짓는 달이기도 해서 부모와 아이의 노력이 더욱 필요한 시기다. 이때 다른 학부모들과의 만남이 망설여지는 엄마들도 있을 것이다. 개인적인 상황이나 성격에 따라서 그 만남이 너무 힘들 수도 있다. 그런 부분 때문에 아이에게 죄책감을 갖는 엄마도 있다.

아이는 어떤 한 가지 상황으로만 성장하지는 않는다. 아이에게 영향을 주는 사람은 엄마뿐만이 아니다. 아이가 만나는 많은 사람들이 아이의 정서적인 면에서 도움을 줄 수 있다. 그렇기 때문에 학부모들을 만나는 것이 지나치게 힘든 짐이라면 살짝 내려놓고 다른 방향으로 진행하는 것은 어떨까 싶다. 4월에는 체육대회를 하는 학교도 있고, 학부모 참여 공개수업도 한다. 5월에는 학교장 재량에 따라서 단기 봄방학을 하기도 하고 신체검사를 한다. 여러 가지 신체 계측에도 관심을 가져야겠지만 무엇보다 시력에 신경을 쓰는 것이 좋다. 문제가 있다면 반드시 안과 검진을 받아야 한다. 6월에는 현장체험 학습 등이 이루어진다. 아이들이 특히 좋아하는 행사이다. 엄마들은 각기 예쁘고 맛있는 도시락을 만들고 아이들이 좋아하는 간식으로 가득 찬 소풍 가방을 싼다. 학교에 따라서 엄마들이 안전 요원으로 가는 곳도 있다. 7월에는 한 학기를 정리하는 기말고사를 치르고, 방학과 더불어서 통지표가 나온다. 그리고 여름방학이 시작된다. 여름방학은 안전하고 건강하게 보내는 것이 우선이다. 독서나 체험 활동 등의 부족한 교과를 공부하고, 시간표를 짜놓고 매일매일 그대로 실천하는 것이 좋다. 혹시 친했다가 전학을 가서 만나지 못했던 친구가 있다면 이 시기에 만나서 함께 즐거운 시간을 보내는 것도 좋다. 9월에는 추석이 있고, 학교에서는 체육대회 등의 행사를 한다. 10월쯤 되면 이번 학년과 다음 학년에 대해 생각해볼 수 있는 여유가 생긴다. 11월에도 체험 학습 등의 행사가 있고, 학교에 따라서는 눈썰매장 등을 가기도 한다. 12월에는 기말고사를 치르고 겨울방학을 한다. 방학을 알차게 보내고 나면 다시 봄이다. 그러면 곧 새 학년이 시작된다.

이러한 아이의 여행은 대부분은 부모와 함께하게 된다. 여행에서 엄마의 역할이 크다. 때로는 엄마가 먼저 지칠 수도 있다. 그래서 완급 조절이 필요하다. 그러나 작은 배를 타고 무사히 한 학년의 여행을 마친 아이는 마음과 몸이 부쩍 성장했을 것이다. 그 여행에서 때론 거대한 유조선을 만나기도 하고 때론 물속 세상을 구경을 하기도 한다. 친구와 싸운 날, 선생님께 칭찬받은 날, 달리다가 넘어진 날, 받아쓰기에서 백점 맞은 날, 숙제를 안 해간 날 등 모든 시간이 아이가 자라는 데 소중한 역할을 했던 날들이다. 여행 중에 파도를 만나기도 하고 햇살 좋은 곳에서 쉴 수도 있다. 그러나 목표를 정해서 항해를 해야 한다는 것, 최선을 다해야 한다는 것만은 틀림없다. 그러다가 언젠가 아이는 혼자서 여행을 하게 될 것이다.

내 손은 하루 종일 바빴지.

그래서 네가 함께 하자고 부탁한 작은 놀이들을

함께할 만큼 시간이 많지 않았다.

너와 함께 보낼 시간이 내겐 많지 않았어.

나 네 옷들을 빨아야 했고, 바느질도 하고, 요리도 해야 했지.

네가 그림책을 가져와 함께 읽자고 할 때마다

난 말했다.

"조금 있다가 하자, 애야."

밤마다 난 너에게 이불을 끌어당겨주고,

네 기도를 들은 다음 불을 꺼주었다.

그리고 발끝으로 걸어 조용히 문을 닫고 나왔지.

난 언제나 좀 더 네 곁에 있고 싶었다.

인생이 짧고, 세월이 쏜살같이 흘러갔기 때문에

한 어린 소년은 너무도 빨리 커버렸지.

그 아인 더 이상 내 곁에 있지 않으며

자신의 소중한 비밀을 내게 털어 놓지도 않는다.

그림책들은 치워져 있고

이젠 함께할 놀이들도 없지.

잘 자라는 입맞춤도 없고, 기도를 들을 수도 없다.

그 모든 것들은 어제의 세월 속에 묻혀버렸다.

한때는 늘 바빴던 내 두 손은

이제 아무것도 할 일이 없다.

하루하루가 너무도 길고

시간을 보낼 만한 일도 많지 않지.

다시 그때로 돌아가, 네가 함께 놀아달라던

그 작은 놀이들을 할 수만 있다면.

―작자 미상, 「성장한 아들에게」 전문

류시화 시인이 엮은『지금 알고 있는 걸 그때도 알았더라면』에서 작자 미상의 이 글을 읽으며, 오래전 상현이의 생일케이크를 만드느라 놀아달라는 상현이를 외면했던 일이 떠올랐다. 아이에게 텔레비전을 틀어주고 나는 컴퓨터로 상현이의 더 어릴 때 사진을 보기도 했던 아이러니한 일들이 생각나서 씁쓸하게 웃었다. 바로 지금이 아이의 향긋한 냄새를 맡아보고, 보드라운 아이의 살결을 만져주어야 할 때다. 지금, 아이와 함께 즐겁게 놀고, 웃으며 이야기하고, 꼭 끌어안아주어야 한다. 아이는 밥을 먹으며, 길을 걸으며, 숙제를 하다가도 엄마에게 이야기를 한다. 같은 반 누군가의 이야기, 사고 싶은 장난감 이야기, 즐겨보는 만화의 주인공의 이야기 등이 그것이다. 아무리 하찮은 이야기라 해도 엄마에게 지금 그 이야기만큼 소중한 이야기는 없을 것이다. 그렇기에 아이와 함께하는 여행을 즐기고 감사하게 생각해야 한다.

『작은 배』에서처럼 안전하게 여행을 마친 소년은 건강한 자존감이 형성되어 있을 것이다. 그래서 다른 소녀에게 배를 보낸 것이 아닐까? "자, 이젠 네 차례야." 하면서 말이다.

엄마와 아이가 함께 해요

📖 책을 읽기 전에

↳ 이번 한 학년 동안 한 활동을 월별로 생각해본다.

↳ 종이로 작은 배를 접어 물에 띄워본다.

가을, 많이 느끼고 깨닫는 아이

💬 생각 연습

↘ 인생이나 일상은 마치 여행과도 같다. 아이와 함께하는 여행으로 어떤 여행이 좋을지 생각해보자.

- 힘들지만 뿌듯한 배낭여행
- 스케줄이 잘 짜인 패키지 여행
- 호화로운 유람선 여행
- 자전거 여행
- 도보 여행

✏ 쓰기 연습

↘ '나만의 사전'을 만들어보자.

- 배: _____
- 파도: _____
- 유조선: _____
- 등대: _____
- 여행: _____

Tip. 나만의 사전 만들기

일상과 모든 사물을 새롭게 보고 그것에 대한 나만의 정의를 내려보자. 단, 일반적인 정의가 아니라 직접 재미있고 창의적으로 생각해서 만들어보면 좋다.

◯ 말하기 연습

↘ 작은 배를 타고 가고 싶은 나라를 정하고, 여행하는 방법 등에 대해서 원탁토의(Roundtable Discussion)를 해보자. 참여 인원과 시간은 직접 써보자.

- 주제: 여행하고 싶은 나라
- 참여 인원: _____
- 시간: _____
- 원탁토의 방법
① 토의의 주제를 정하고, 사회자를 뽑는다.
② 사회자는 간단한 자기소개를 하고, 토의의 주제나 주의할 점에 대해서 이야기한다.
③ 구성원들이 발언을 한다(이때 발언 순서는 정해져 있지 않지만 발언 횟수와 시간은 똑같이 적용되고 지켜야 한다. 원활한 진행을 위해서 시계 방향이나 시계 반대 방향으로 순서를 정한다).
④ 질문과 반론을 한다.
⑤ 구성원들이 정리 발언을 한다.
⑥ 사회자가 구성원들의 발언을 종합해서 정리한다.

Tip. 토의하기

토의는 현 상황에 대한 집단 공통의 문제 해결 방안을 찾아나가는 '협력적 말하기'의 한 방법이다. 어떤 사물이나 사건을 관찰하거나 인지하는 데 자신의 판단이 분명하지 않아서가 아니라, 좀 더 나은 방향으로 방안 모색이 필요한 경우에 적용할 수 있는 말하기의 한 유형이다. 즉, 여러 사람이 모여 서로의 의견을 말함으로써 해결 방안을 찾고자 협의하는 것이다. 참가자 전원이 해결 방안을 찾아 합리적인 결론으로 뜻을 모으는 데 의의가 있다.

토의에는 해결 방안을 모색하기 위해 많은 사람들이 서로 견해를 교환할 필요가 있는 적절한 논의점이 있어야 한다. 참가자는 토의의 문제에 대해 충분한 사전 지식을 갖추고 자신의 명확한 의견을 제시하되 발언 기회를 독점하거나 타인의 주장을 무시해서는 안 된다. 토의에서는 사회자가 중요하다. 사회자는 공정하고 결단력이 있는 태도를 갖추어 발언 내용이 주제에 합당한가의 여부를 판단하여 진행 방향을 목적에 부합하도록 유도해야 한다. 토의의 주제가 확정되면 참가자들은 그 주제가 가지는 문제의 본질을 정확히 파악하기 위해 가능한 모든 방안을 제시하여 타당성 여부를 검토한다.

토의의 형식 중 비교적 자유로운 토의는 위에서 이야기한 원탁토의이다. 이것은 10명 내외의 사람들이 모여 순서에 상관없이 자유롭게 한 주제에 대해서 말하는 방식이다. 참가자의 서열이나 역할의 구분 없이 모두가 평등한 입장에서 자유롭게 의견을 나누는 것이다. 그러므로 참가자 모두가 발언할 수 있도록 기회를 적절히 제공하는 것이 좋다. 처음 보는 사람들 간의 토의라면 처음에 자기소개를 30초 정도 하는 것이 좋다. 그리고 이후에 이루어지는 발언 순서나 발언 횟수, 발언 시간 등은 모두 공정해야 한다.

사람 이야기

작은 사건, 큰 사람

『어느 작은 사건』(루쉰 글, 이담 그림, 전형준 옮김, 두레아이들, 2013)
『나무를 심은 사람』(장 지오노 글, 프레데릭 백 그림, 햇살과 나무꾼 옮김, 두레아이들, 2002)
『행복한 청소부』(모니카 페트 글, 안토니 보라틴스키 그림, 김경연 옮김, 풀빛, 2015)

우리는 살아가면서 잊을 수 없는 사람이나 인상적인 사건을 만나게 된다. 그리고 그 사람이나 사건으로 인해서 자신의 인생이 변화하는 경험을 하기도 한다.

『어느 작은 사건』은 중국 현대문학의 아버지인 루쉰(魯迅)의 이야기로 짧은 회고 형식의 글이다. 루쉰은 『아큐정전』이나 『광인일기』 등의 작품으로 우리에게 큰 깨달음을 주는 작가이다. 그는 『고향』이라는 소설에서 '세상의 길은 원래는 없다. 사람들이 많이 걸어가면 곧 길이 되는 것'이라고 말한다. 그리고 그것은 희망의 속성과도 같다고 이야기한다. 사람들 사이에서 희망을 찾고 그것을 이야기하는 루쉰의 생각이 담긴 말이다. 그림은 왁스 페인팅으로 잘 알려진 이담 작가가 그렸다. 힘 있고 사실적인 그림은 이 이야기를 더욱더 단단하고 진실하게 만들어준다. 추운 겨울과 한 인력거꾼의 이야기를 통해서 주인공의 마음의 변화를 그대로 느낄 수 있다.

이야기 속 주인공은 격변기를 살아가는 자신에게 역사의 거대한 물결들이나 크나큰 사회적인 현상들이 마음의 큰 동요를 일으키지 않았다고 한다. 그러한 일련의 일들은 사람에 대한 불신을 하게 만들거나 업신여기게 만들뿐이

가을, 많이 느끼고 깨닫는 아이

었다고 말한다. 사람에 대한 어떤 희망도, 기대도 없었던 것이다.

그러던 주인공은 1917년 겨울, 북풍이 사납게 불던 날, 한 인력거꾼을 만나고 '어떤 작은 사건'을 접하게 된다. 그가 타고 가던 인력거로 한 여자가 뛰어들어 넘어졌던 것이다. 당시에 인력거에 타고 있던 주인공은 이 사건을 자칫 귀찮게 생각했다. 넘어진 그 여자에 대해서도 다친 척 엄살을 피는 것이라 생각하고 괘씸하게 여겼다. 그래서인지 사건 속 여자에 대한 호칭이 처음에는 그냥 '여자'에서, 조금 더 신경을 쓰며 본 듯한 '할머니'로 그리고 '노인'으로 바뀌고 있다. 자신이 잘못한 것도 아닌 일인데 경찰서로 할머니를 부축하고 들어가는 인력거꾼을 이상하게 여겼다. 더군다나 인력거 운행을 못하게 되어서 불편함을 겪자 처음에는 불쾌해한다. 그러나 곧 인력거꾼의 양심적인 행동을 통해서 인간 전체에 대해서 다시 생각하게 된다. 그리고 자신이 그에게 쥐어준 동전 한 움큼의 의미에 대해서도 오랫동안 생각하고 부끄러워하게 되었다는 것이다. 작은 일화이지만 그것을 통한 깨달음은 큰 것이었다. 이야기 마지막에 주인공은 말한다. "문화적 성과나 군사적 공적 그리고 지식은 외우지 못하지만 이 작은 사건만큼은 늘 눈앞에 떠오른다"고 말이다.

그는 이 사건에서 자신에 대해 다시 생각하고, 인간에 대한 편견을 버리고 삶에 대해 성찰하게 되었을 것이다. 당시의 중국의 상황은 정치적 격변기였기에 몹시 혼란스러웠고, 누구도 작고 보잘 것 없는 사람 하나하나에는 관심이 없을 때였다. 그러나 그는 작지만 큰 사람이었던 한 인력거꾼을 통해서 사람에 대한 새로운 희망을 갖게 된 것이다. 실제로 우리를 움직이게 하는 것은 거대한 힘이 아니다. 마찬가지로 우리를 좌절하게 만드는 것도 아주 작은 것들이다.

사람을 가치 있게 만드는 덕목은 무엇일까? 여러 미덕 가운데 '겸허'라는 덕목에 대해서 생각해본다. 인력거꾼은 사람에 대해서 겸허했다. 세상에 겸허한 태도는 아주 작은 자신의 일에 충실한 것에서부터 시작한다. '진실'과도 비슷한 덕목이라고 생각한다. 그것은 매일매일 산에 오르는 한 발 한 발이거나, 한자 한 자 꾹꾹 눌러쓰는 글씨와도 같다. 이웃에게 반갑게 인사하고, 주변을 깔끔하게 청소하고, 물건을 아껴 쓰고, 작은 것도 소중히 여기고, 주위를 살피는 일에서부터 시작된다. '겸허'는 세상을 살아가는 데 중요한 미덕이다.

장 지오노(Jean Giono)의 『나무를 심은 사람』이나 모니카 페트(Monika Feth)의 『행복한 청소부』는 1, 2학년 아이들에게는 다소 어려울 수 있다. 그래서 엄마와 함께 읽어보는 것이 좋다. 두 작품 모두 한 사람의 수고가 많은 이의 희망이 된다는 이야기다. 『나무를 심은 사람』의 경우에는 애니메이션으로 먼저 접해보아도 좋다. 30여 분의 감상 시간 동안 정말로 평안해짐을 느끼게 될 것이다. '엘지아 부피에'라는 사람이 황무지에 나무를 심기 시작하고, 오랜 세월이 흘러 그 황무지에서는 기적이 일어난다. 한 사람의 작은 행동이 많은 사람에게 희망을 준 것이다. 『행복한 청소부』의 주인공인 청소부 역시 자신의 일의 사회적 가치를 따지기보다는 그 일에서 의미를 찾는 사람의 이야기다. 어떤 일을 하는가보다 중요한 것은 그 자리에서 자신의 일을 정말로 좋아하는가 하는 것이다. 주인공인 청소부 아저씨는 자신의 일을 정말 좋아했다. 자신이 청소하는 거리의 표지판에 쓰여 있는 작가와 음악가에 대해서 공부하기 시작했고, 그것이 삶을 더욱 풍성하게 해주었다.

지금 자신이 하고 있는 일보다 더 크고 높고, 사회적으로 인정받는 일을 하려는 생각도 가치 있다. 그러나 그전에 지금의 일을 사랑하고 깊이 있게 공부하는 것이 좋을 것 같다. 그렇게 한다면 그 일을 오래할 수도 있고, 그 일로 인해서 행복해질 수도 있을 것이다.

사람에게 상처를 받은 이들은 쉽게 마음을 열지 않는다. 그러나 상처를 주기도 하지만 치유하는 것 또한 사람이다. 위의 책에 나오는 여러 사람을 만나보면서 다양한 생각을 해보는 것도 좋다. 많은 사람들이 등장하는 책을 읽는 것은 중요하다. 그들의 다양한 삶과 낯선 성격을 접하는 것은 세상의 다른 면을 보여준다. 그것을 이해함으로써 우리는 현실에서 자신에게 주어진 문제를 잘 풀어나갈 수 있을 것이다.

아이들에게는 다소 어려워 보이는 이야기이지만, 우리에게 가장 필요한 미덕에 대해서 생각해보자. 시작하기 어려우면 사람들이 소중하게 여기는 52가지의 미덕에 관한 내용이 들어 있는 버츄 카드(Virtue Card)를 이용해보는 것도 한 방법이다. 버츄 카드는 버츄 프로젝트 인터내셔널(Virtues Project International)에서 개발한 인성 교육 도구다. 카드를 활용해서 아이에게 '감사', '배려', '사랑', '신뢰', '화합' 등의 덕목을 자연스럽게 알려줄 수 있다. 또한 카드를 뽑고 그 미덕과 관련된 이야기를 해볼 수도 있다. 그렇지 않다면 날마다 혹은 매달 첫 번째 날에 이 카드를 뽑아서 나온 미덕을 책상 앞에 보이게 놓고, 그 미덕을 한 달 동안 실천해보도록 노력하는 것도 좋다.

우리는 아이에게 '꿈'이 무엇인지 물어본다. 그리고 그 꿈은 아이가 성인이 되어서 갖게 될 '구체적인 직업'을 의미할 때가 많다. 그러나 이제는 다양한 직업으로 복잡한 세상을 살아가고 있는 시대이다. 실제로 대학에서 습득한 지식으로 평생 직업을 갖고 살 수 없으며, 직업은 몇 차례 변화하기도 한다. 그래서 그보다는 "어떤 가치를 지닌 사람이 되고 싶은가?"를 묻는 것이 옳을 것이다. 그리고 '어떤 사람'이 되고 싶고, 그런 사람이 되기 위해서 노력해가는 것이 진짜 꿈이 아닐까. 또한 이 책들을 읽는 것만으로도 사람에게 실망했던 경험과 그럼에도 불구하고 희망을 가질 수 있었던 순간에 대해서 생각해볼 수도 있다.

엄마와 아이가 함께 해요

● ●

📖 책을 읽기 전에

✎ '행복한 사람'을 생각하면 떠오르는 단어들이 무엇인지 이야기해본다.

✎ '버츄 카드'를 활용해서 어떠한 가치를 추구하는 사람이 되고 싶은지 생각해본다.

📖 책을 읽고 나서

💬 생각 연습

↘ 이제까지 만난 인물 중 가장 인상 깊고 기억에 남는 인물에 대해 이야기를 나누어보자.

↘ '행복한 사람'은 어떤 사람일지, 그가 가지고 있는 덕목은 무엇일지 아이와 함께 생각해보자.

✏ 쓰기 연습

↘ 인터뷰 글쓰기

인터뷰란 특정한 목적을 가지고 개인이나 집단을 만나 정보를 수집하고 이야기를 나누는 일이다. 주로 기자가 취재를 위하여 특정한 사람과 가지는 회견을 말한다. 인터뷰를 잘하기 위해서는 인터뷰어(Interviewer)가 인터뷰이(Interviewee)에 대해 많은 정보를 알아야 한다. 인터뷰를 하는 사람은 사전에 질문지를 준비해서 주제에 맞는 대화를 해야 한다. 일반적인 인터뷰의 구성은 다음과 같다.

- 인터뷰의 순서

① 인터뷰의 대상자를 정한다.

② 주제를 정한다.

③ 질문지를 만든다(여기에서는 질문이 5개 정도가 되게 한다).

④ 인터뷰를 실시한다.

⑤ 정리해서 적는다.

- 인터뷰 질문지를 만드는 방법

① 대화의 주제를 정한다.

② 상대방이나 인터뷰 주제에 대해서 많은 정보를 준비한다.

③ 재미있고 유익한 질문을 만든다.

④ 상대방을 편하게 하면서도 많은 이야기가 나올 수 있도록 한다.

⑤ '처음-중간-끝'의 구성을 이용해서 인터뷰 내용을 글로 옮긴다.

- 친구와 서로 인터뷰를 하는 방법

① 대화를 통해 서로를 알고 주제를 정한다.

② 인터뷰 주제(20년 후 나의 모습, 꿈, 친구 등)를 정한다.

③ 인터뷰어와 인터뷰이의 역할을 정한다.

④ 인터뷰 질문을 동일하게 만든다.

⑤ 인터뷰를 시작한다(A→B).

⑥ 정리한다.

⑦ 바꾸어서 인터뷰를 한다(B→A).

⑧ 정리하고 쓴다.

평소에 관심이 있었던 사람을 인터뷰하기 위해 인터뷰 질문지를 만들어보자. 예를 들어 태권도장 관장님을 인터뷰해보자(단, 질문은 5개만 한다).

인터뷰 질문지

인터뷰어: _____

인터뷰이: 태권도장 관장님

날짜: _____

장소: _____

질문 1) 태권도를 시작하신 이유는?

_____

_____

질문 2) 이 일을 하시면서 좋았던 일과 나빴던 일은?

_____

_____

질문 3) 태권도를 안 하실 때의 취미는?

_____

_____

질문 4) 기억에 남는 원생은?

_____

_____

질문 5) 앞으로의 계획은?

_____

_____

가을. 많이 느끼고 깨닫는 아이

↳ 위의 내용을 바탕으로 실제로 인터뷰를 해보자.

『두 사람』(이보나 흐미엘레프스카 글·그림, 이지원 옮김, 사계절, 2008)

우리나라에서 활동하는 폴란드 작가 이보나 흐미엘레프스카(Iwona Chmielewska)의 책이다. 작가는 『문제가 생겼어요』나 『반이나 차 있을까 반밖에 없을까?』 등의 책을 통해 창의적이고 상상력이 뛰어난 그림으로 우리에게 즐거움을 주고 있다.

소통이라는 문제는 참 어렵다. 우리는 자신과의 소통, 타인과의 소통, 사회와의 소통 등을 통해서 세상을 보게 된다. 이 책에서는 '두 사람'을 그렸으니 바로 상대와의 소통을 이야기하는 것이다. 우선 눈에 띄는 것은 '르네마그리트'나 '달리'의 작품을 패러디한 듯한 그림인데 무척 흥미롭다.

책에서 말하는 두 사람은 부부 같기도 하지만 친구나 부모와 자식 등 여러 다른 관계로 보아도 상관없다. 책은 "두 사람이 함께 사는 것은 함께여서 더 쉽고 함께여서 더 어렵습니다"라는 문장으로 시작한다. 두 사람은 열쇠와 자물쇠와도 같고, 한쪽으로 나 있는 두 개의 창문과도 같고, 마치 두 개의 시계 같기도 하다고 이야기한다. 또 드넓은 바다 위 두 섬 같기도 하고, 모래시계의 두 그릇처럼 언제까지나 붙어 있기도 하고, 지붕을 받치는 두 벽과 같고, 돛과 돛대 같고, 꽃과 줄기, 낮과 밤, 자전거의 두 바퀴와도 같다고도 이야기한다.

아이들은 이야기를 읽고 아이들 나름대로 해석을 한다. 더구나 이 책을 보는 아이들은 어른들보다 훨씬 더 창의적인 시각으로 그림 곳곳에 숨어 있는 의미들을 찾아낸다. 마치 신기한 마술과도 같은 그림을 보느라 더욱 재미있어한다. 마지막 문장은 "두 사람이 함께하는 것은 함께여서 더 어렵고 더 쉽기도 합니다"이다. 처음 문장과 거의 같은 문장이지만 더 쉽다는 말을 끝에 했다. 결국 두 사람의 관계는 두 사람이 만들어나가는 것이라는 의미로 해석할 수 있다. 아이들도 친구, 선생님, 가족과의 관계 등 여러 인간관계에 둘러싸여 있다. 그만큼 건강한 관계가 되려면 서로 많은 노력이 필요하다.

사람 간 만남이 건강하게 유지되려면 한 사람이 일방적으로 희생하는 만남은 곤란하다. 또 만남 자체가 수단이 아닌 목적이 되어야 한다. 타인과의 소통을 어떻게 하는가에 따라서 많은 것의 결과가 다르게 나타난다. 다양한 관계에서 만족감을 경험하기 위해서는 효율적인 의사소통이 필수 조건이다. 의사소통에서는 우리가 생각하는 것과는 다르게 언어적인 요소뿐만이 아니라 비언어적인 매체가 훨씬 더 자주 사용되며 비중 있게 다뤄지기도 한다.

의사소통 요소 중 가장 일반적인 것이 말하기다. 이 과정을 살펴보면 우선 말하는 사람인 화자가 듣는 사람인 청자에게 말의 내용인 메시지를 전달한다. 그리고 화자가 코드화한 메시지를 청자가 해독한다. 말하기는 이러한 상호 과정으로 이루어진다. 이처럼 말하기는 구체적인 대상을 향해 이루어지는 상호 보완적이며 역동적인 관계이다. 다음은 아빠와 상현이가 나눈 대화 내용이다.

아빠: 상현아, 수학 공부하자. 8-2가 뭐지?
상현: 몰라요.
아빠: 음, 그러면 네가 딱지 8개를 가지고 있어. 그런데 준호에게 2개를 주었다고 생각해봐. 몇 개가 남지?
상현: 내가 왜 그 애한테 딱지를 줘요? 싫어요.

위의 대화에서 아빠는 '8-2'라는 수학 문제의 답을 끌어내기 위해 구체적으로 딱지라는 물건을 예를 들어 질문했다. 그런데 상현이는 딱지라는 매개체에만 신경을 쓴 나머지 화자의 의도와는 다른 대답을 한다. 결국 그들의 의사소통은 제대로 이뤄지지 못했다. 이처럼 아무리 정확하게 메시지를 전해도 받아들이는 사람들은 모두 다르게 받아들이고 반응한다. 그래서 의사소통은 늘 어렵고 오해가 있을 수 있다. 너와 내가 다를 수 있다는 각 개인의 자율성과 독립성을 '우리'라는 범위 속에서 인정할 수 있어야 한다. 그럴 때 서로 긍정적이고 효율적인 의사소통이 이루어진다.

의사소통은 내가 상대방에게 메시지를 전달하는 과정이 아니라 상대방과의 상호작용을 통해 메시지를 다루는 과정이다. 성공적인 의사소통을 위해서는 내가 가진 정보를 상대방이 이해하기 쉽게 표현하는 것도 중요하다. 그러나 상대방이 어떻게 받아들일 것인가에 대한 고려가 바탕이 되어야 한다. 메시지는 고정된 것이 아니라 참여자들의 상호작용에 따라 다양한 형태로 빚어질 수 있다는 사실을 기억해야 한다.[5] 이와 같이 말하는 방법과 듣는 방법에 대한 이해와 더불어 능숙하게 말하는 방법을 익히고 상대방의 말을 잘 들으려고 노력해야 한다. 경청은 단순히 듣는 것이 아니다. '눈으로 살피면서', '온 마음을 다해서' 적극적으로 듣는 것이다. 때로는 나의 어려움을 누군가가 마음으로 들어주기만 해도 많이 치유될 수 있다.

인간은 사회적 동물이고 누군가와 관계를 맺으며 살아간다. 그렇기에 소통을 뜻하는 영어 단어인 'communication'은 라틴어인 'communicare(나누다, 공유하다)'가 어원이다. 자신의 지식과 경험뿐만 아니라 마음이나 감정을 나누는 것이 바로 의사소통이다. 그래서 의사소통은 우리 삶의 질에도 큰 영향을 끼친다.

의사소통의 방법 중에 가장 일반적인 것은 바로 대화이다. 대표적인 대화의 원리로는 '협동의 원리'와 '공손성의 원리'를 들 수 있다. '협동의 원리'란 대화 참여자가 대화의 목적에 성공적으로 도달하기 위해서 지켜야 할 네 가지 격률을 가리킨다. 대화의 과정이 보다 합리적이고 효율적으로 진행되기 위해서 이 과정을 지배할 원리를 이야기한 사람이 폴 그라이스(Paul Grice, 1975)다. '협동의 원리'를 지배하는 대원리는 협력이며 이를 뒷받침하는 근본 규칙으로는 양의 격

---

5) 구현정·전영옥, 『의사소통의 기법』, 박이정, 2007, 25쪽 참조.

가을, 많이 느끼고 깨닫는 아이

률, 질의 격률, 관계의 격률, 태도의 격률이 있다. 리치(Leech, 1983)는 '공손성의 원리'를 주장했는데, 상대방에게 공손하지 않은 원리는 최소화하고 공손한 표현은 최대화하라는 것으로 요약할 수 있다. 여기에는 요령의 격률, 관용의 격률, 찬동의 격률, 동의의 격률, 겸양의 격률이 속한다.

아빠와 상현이의 대화처럼 화자가 아무리 대화를 하려고 해도 청자가 이를 제대로 받아들이지 않으면 대화가 이루어지지 않는다. 즉, 대화의 당사자들은 대화의 결속성이 유지되도록 노력해야 한다. 그라이스는 이러한 협동의 원리가 지켜지기 위해서는 대화 참여자가 적절한 양의 정보를 제공하고, 진실하고, 관련성이 있는 것을 말하며, 모호한 내용은 피하고, 간단하고 순서에 맞게 말하라고 한다. 위에서 언급한 양의 격률, 질의 격률, 관계의 격률, 태도의 격률이 바로 그것이다. 만약 이 네 가지의 격률 중에 하나라도 지키지 않으면 협동의 원리를 위반하게 되고 화자나 청자는 자신들이 기대하는 대화를 이끌어나가기 어렵다는 것이다. 그러므로 화자는 의사소통의 목적과 맥락이나 상황의 흐름과 일치되는 발화를 통해 긴밀성을 유지해야 한다. 그리고 청자는 상대방의 발화가 이루어지고 있는 의사소통의 목적이나 상황, 흐름과 관련하여 추론하고 해석하는 태도를 취해야 한다는 것을 의미한다.[6)]

원만한 대인관계를 유지하는 사람들의 특징은 상대방의 말에 대한 공감 능력이 뛰어나다. 그들은 타인이 느끼고 생각하는 것을 상대방의 입장이나 관점에서 이해하고 검토하면서 의사소통을 한다. 이러한 의사소통의 기술은 자기와 타인에 대한 올바른 인식에서 출발한다. 그렇기 때문에 의사소통에서도 중요한 것은 기술이 아니라 항상 상대방을 존중하는 태도이다.

교류분석(Transactional Analysis) 이론을 발전시킨 에릭 번(Eric Berne)은 대인관계 유형을

---

6) 숙명여자대학교 의사소통능력개발센터, 『발표와 토론』, 2006, 29쪽 참조.

크게 네 가지로 구분했다. 인간관계에 있어서도 이 유형에 따라서 효과적이거나 비효과적인 갈등 해결 능력을 갖는다. 첫 번째는 'I'm OK, You are OK'의 유형이다. 즉, 자기도 긍정하고 타인도 긍정하는 원만형이다. 이는 자기와 타인의 장점과 잠재력을 발견 가능하며, 자신감이 있는 사람들로 이상적인 대인관계를 맺는다. 두 번째는 'I'm OK, You are not OK'의 유형으로 자기는 긍정하나 타인은 부정하는 유형으로 자아도취형이라고 할 수 있다. 외모나 능력이 뛰어나며 자신을 과대평가하는 경향인 사람들이 주로 이 유형에 속한다. 세 번째는 'I'm not OK, You are not OK'로 자기를 부정하며 타인도 부정하는 비관적인 유형이다. 이들은 매사에 의욕이 없고, 비관적이며 세상에 대한 원망과 자신에 대한 불신이 가득하다. 네 번째는 'I'm not OK, You are OK' 유형으로 자기는 부정하고 타인을 긍정하는, 패배형이라고 할 수 있다. 이 유형은 열등감이 많고 실수에 대한 과도한 걱정을 한다. 인간관계에서는 자기주장을 포기하고 맹목적으로 다른 사람에게 순종한다. 다른 사람에게 비판받는 것을 두려워하며 인정과 사랑을 받기 위해 자기주장을 포기하는 모습을 보인다. 이 네 가지 유형 중에 자신은 어디에 속하는지 알아보고, 자신의 단점과 장점을 잘 파악한다면 좋은 인간관계를 맺는 데 도움이 될 것이다.

오래전 미국 케이블 텔레비전 채널에서 한 광고를 본 적이 있다. 미국인과 일본인이 만나 인사를 하는 장면으로 일본인은 악수를 하려고 손을 내밀고, 미국인은 공수자세로 허리를 굽혀서 절을 하려고 했다. 두 사람 모두가 처음 만나는 자리에서 상대방의 문화에 맞는 인사를 하려고 한 것이다. 아마도 이러한 첫 만남 때문에 그들의 관계는 훨씬 좋아지지 않았을까? 처음 만남을 좋게 하고, 그 만남을 끝까지 잘 유지하는 것은 이러한 노력의 순간들로 이루어진 일일 것이다.

엄마와 아이가 함께 해요 ••

📖 책을 읽기 전에

📞 하버드대학 심리학과에서 한 '보이지 않는 고릴라(Invisible Gorilla)'라는 실험이 있다. 흰 셔츠를 입은 팀과 검은 셔츠를 입은 팀이 각각 공을 가지고 패스를 한다. 앞에서 지켜보는 사람들에게 흰 셔츠를 입은 팀의 패스 횟수를 세어보라고 말한다. 사람들은 집중해서 흰 셔츠를 입은 이들의 패스 횟수만을 센다. 그런데 이때 뒤로 지나가는 검은색의 커다란 고릴라는 놓친다는 내용의 실험이다.

이 실험은 우리에게 무엇을 깨닫게 할까? 우리는 보고 싶은 것만 본다. 그러므로 나의 착각이 다른 사람의 인생에 영향을 끼칠 수도 있다. 우리는 명백한 것조차 볼 수 없으며, 자신이 못 본다는 사실조차 모른 채 지나친다. 즉, 자신의 관점에서만 상황을 판단할 수도 있다는 것이다. 그래서 필요한 것이 자신에 대한 성찰이고, 타인과의 소통이며, 세상에 대한 지속적인 관심이다.

📞 이 책(『두 사람』)의 표지와 제목을 보고 내용을 추측해본다.

📖 책을 읽고 나서

💬 생각 연습

📞 엄마가 주제를 제시하면 아이들은 A4 용지 한 장을 4등분하고, 한 사람이 먼저 그림을 그린다. 옆 사람이 그 그림을 보고 다음 그림을 그린다. 그렇게 네 칸에 서로 그림을 그린 후 서로 이야기를 만들어보자. 상대방의 그림을 어떻게 파악했으며, 나는 왜 그 그림 다음에 이 그림을 그렸는가를 이야

기하면서 소통할 수 있다. 이런 방법을 통해서 자신의 감정을 표현하고 상대를 이해할 수 있다.

가을. 많이 느끼고 깨닫는 아이

↘ '친구'를 주제로 이야기를 이어서 만들어본다. 아이가 한 문장을 만들면 엄마나 친구가 다시 한 문장을 만들어서 짧은 이야기를 완성해보자.

_____

_____

_____

🎙 말하기 연습

↘ 관계를 좋게 만드는 말들을 생각해보자.

상대방의 처지를 생각해서 공손한 표현을 사용한다. 자기를 내세우지 않는 겸손한 표현과 반대를 할 때에도 일단 동의를 표하고 자신의 의견을 제시한다. 여러 가지 화법이 그에 맞는 역할을 한다. 예를 들어서 '적극적 경청', 'yes-but 화법', '나-전달법(I-message)', '쿠션 어법'과 같은 것이 있다.

- 적극적 경청

대화를 할 때는 말을 하는 것보다 듣는 것이 더 우선이다. 바람직한 경청이란 일단은 상대방의 말을 집중해서 잘 듣는 것이다. 그리고 그의 마음을 내가 이해한 대로 다시 읽어주는 것이다. 여기에는 비언어적인 요소나 침묵 그리고 공감과 맞장구 등이 반드시 따라야 한다. 이와 같이 그 사람의 말에 대한 적절한 반응이 아주 중요하다.

- yes-but 화법

'yes-but 화법'은 "네, 당신의 의견도 맞지만요, 저는 이렇게 생각합니다"라고 말하는 것이다.

"비빔밥 어때?"
"싫어, 칼국수 먹고 싶어." (×)
"비빔밥? 비빔밥도 좋지만 칼국수는 어때?" (○)

- 나-전달법

'나-전달법'은 상대에게 나의 느낌이나 감정을 전달해 간접적으로 말하는 것이고, '너-전달법'은 상대방의 잘못을 직설적으로 말하는 것이다. '나-전달법'으로 이야기를 하면 상대방의 자존심도 지켜줄 수 있고, 행동의 변화와 함께 좋은 관계를 유지할 수 있다. 이야기의 방법은 상대방의 행동이 나에게 미치는 영향과 나의 감정을 이야기하는 것이다.

"네가 창문 닫아!" (×)
"내가 감기에 걸려서 찬바람을 쐬면 안 되니까 창문 좀 닫아줄래?" (○)

"너는 왜 그렇게 시험을 못 보았니?" (×)
"네가 시험을 못 보아서 엄마는 마음이 안 좋구나." (○)

- 쿠션 어법

일상생활에서 흔히 사용하는 쿠션은 우리 몸의 완충작용을 해준다. 부탁하거나, 지시하거나, 거절하거나, 부정적인 말을 꺼낼 때 쿠션 어법을 통해 윤활유 역할을 하게 하는 것이다. 감정을 덜 다치게 하고 공손해 보이며 기분 좋은 대화를 이어가기 위한 화법 중 하나다. 쿠션 어법은 화자와 청자의 마음이 덜 부딪히게 만드는 역할을 한다. 다음 문장을 쿠션 어법에 맞게 말해보자.

"(실례합니다만), 창문 좀 닫아주시겠습니까?"

"(죄송합니다만), 잠시만 기다려주시겠습니까?"

"(바쁘시겠지만), 조금만 더 기다려주시면 감사하겠습니다."

"(번거로우시겠지만), 내일 한 번 더 방문해주시면 감사하겠습니다."

· 길에서 모르는 사람에게 우체국 위치를 물을 때:

　"＿＿＿＿＿ 우체국 가려면 어디로 가야 하죠?"

· 식당에서 주인에게 김치를 더 달라고 할 때:

　"＿＿＿＿＿ 김치 좀 더 주세요."

👥 상현이네 '토요 북클럽' 이야기

『보보스』(데이비드 브룩스 지음, 형선호 옮김, 동방미디어, 2001)
『춤추는 세상을 껴안은 화가 브뢰겔』(노성두 지음, 아이세움, 2005)
『수학 유령의 미스터리 수학』(류강은 글, 김현민 그림, 김연비 감수, 글송이, 2011)

빵과 과일과 책으로 시작하는 토요일 아침 식탁

하늘빛과 바람의 결이 달라지는 가을이다. 여유로운 토요일 아침이면 우리 가족은 책을 읽고 이야기를 나눈다. 우리는 그것을 '토요 북클럽'이라고 부른다.

토요일 아침 식사를 위해 전날쯤 시장에 나가서 과일을 고른다. 탐스러운 무화과를 바구니에 가득 담아 집으로 들어와서 조심스럽게 씻는다. 우묵한 냄비에 담고 센 불로 조금 끓이다가 끓어오르면 설탕을 넣고 불을 조절한다. 약한 불로 한 시간 정도 상태를 보아가면서 끓인다. 잼이 완성되면 식혔다가 소독한 유리병에 넣는다. 이렇게 만들어놓은 무화과 잼을 꺼내면서 토요일 아침 식탁은 시작된다. 살짝 구운 식빵에 무화과 잼을 곁들이고, 팬케이크를 준비한다. 우선 커다란 볼(bowl)에 달걀을 넣고 거품을 낸 후 물이나 우유를 알맞은 분량으로 넣고 잘 젓는다. 그리고 팬케이크 가루를 넣고 반죽을 한다. 반죽의 반 정도는 그냥 하고 나머지 반은 블루베리를 갈아 넣어서 블루베리 팬케이크로 만들어보아도 좋다. 달구어진 팬에 기름을 조금 두른 후 키친타월로 닦아낸다. 한 국자 정도의 팬케이크 반죽을 팬에 조심스럽게 붓는다. 반죽에 기포가 올라오면 뒤집개를 이용해서 뒤집는다. 적당히 익으면 접시에 담는다. 블루베리 팬케이크도 색이 산뜻하다. 이렇게 고소한 팬케이크가 완성되면 향긋하고 달

가을, 많이 느끼고 깨닫는 아이

콤한 메이플 시럽을 뿌리기도 한다. 또한 여러 가지 견과류와 적당하게 잘 익은 베리들도 곁들인다. 달걀 요리는 서니 사이드 업(Sunny Side-Up, 한쪽만 익힌)으로 준비했다. 식탁에 해님이 찾아든 것처럼 밝다. 마실 것은 아빠와 엄마는 커피를, 상현이를 위해서는 저지방 우유를 준비한다. 창밖으로는 초가을의 햇살이 다정하게 스며든다.

이렇게 아침 식탁을 차려놓고 토요일 아침의 북클럽을 시작한다. 날씨가 좋은 아침이면 근처의 숲으로 가서 한가한 정자에 앉아서도 한다. 그럴 때면 가끔 다람쥐나 너구리들이 정자로 찾아오기도 한다. 맛있는 호두파이가 생각나면 아파트 근처의 호두파이를 구워 판매하는 카페에서 먹으며 책 이야기를 한다. 가끔은 도시락을 만들어서 금강이 내려다보이는 강가에서 맑고 부드러운 물소리를 들으면서 하는 것도 좋다.

책 읽기는 소통이다. 나와 다른 세상을 이어주는 통로로 우리 내면에 자양분이 된다. 그리고 기존의 고정된 가치에 의문을 불러와 보다 나은 세계를 이루는 힘이 된다. 타인의 아픔과 고통, 기쁨에 공감할 수 있어서 독서는 '나와 세계의 소통을 도와주는 통로'가 된다. 책을 통해서 우리는 시간과 공간을 초월한 여러 세계를 만나게 되고, 많은 유형의 인간의 내면을 접하게 된다. 그렇게 만난 세상과 인간을 통해 우리는 자신의 모습을 발견하고 세상을 이해하게 되는 것이다.

우리가 토요일마다 책을 읽고 토의하는 것은 그저 가벼운 대화의 한 형식이다. 한 주간 지낸 이야기를 하며 일상을 정리한다. 어떤 날은 '내 인생의 책'에 대해서 이야기하기도 하고, 또 어떤 날은 인상 깊었던 책에 대해서 이야기를 하기도 한다. 그리고 한 주간 읽었던 책을 소개하고 요약과 짤막한 자신의 감상을 첨가하는 것이다. 그것도 힘들면 그저 책의 구절만 발췌해서 읽어주어도 좋다. 듣는 사람들은 길지 않은 범위 내에서 질문이나 의견을 이야기하는 것이다. '토요 북클럽'은 토요일 오전을 평안하고 행복하게 만들어준다. 다음 주를 힘차게 보낼 수 있는 힘을 주기도 한다. 여유롭게 아침 식사를 하면서 40분 정도 진행하는 북클럽은 자유롭고 편안한 내용과 형식의 토의인 셈이다. 그러나 반드시 지켜야 할 몇 가지 규칙이 있다. 그중 가장 중요한 것은 할당된 시간과 관련된 것이다. 책 소개나 질문을 할 때 되도록 한 사람당 3분 이상의 시간을 넘으면 안 된다.

북클럽에서 다루는 내용은 자유롭다. 책의 주제로 이야기하고 생각을 나누거나 퀴즈를 내서 정답을 이야기한 이에게 준비한 상품을 주어도 된다. 오랜만에 서가의 책들을 살피면서 꺼내고 싶은 책을 꺼내서 책에 얽힌 사연을 이야기해도 좋다. 이 방법은 이제까지 자신이 읽었던 책을 재확인하는 것이기에 권할 만하다. 이렇게 고른 책으로 3분 동안 자신의 책 이야기를 한다. 또 분량이 적은 한 권의 책을 가볍게 읽고 토의하기도 하는데, 이 경우 주로 상현이가 읽을 수 있는 책으로 한다. 이 방법을 통해 낯선 분야의 책을 쉽게 읽을 수 있기도 하며, 우리는 방대한 분량의 스키마를 쌓을 수도 있다. 상현이는 혼자서 읽기 힘든 분야의 책도 엄마 아빠와 함께 읽으면 쉬워진다고 한다. 이처럼 북클럽 활동은 아이가 혼자 읽으면 발견하지 못한 다양한 정보를 습득하게 도와주며 읽기와 말하기 능력을 동시에 개발할 수 있는 좋은 방법이다. 이야기를 할 때 핸드폰의 녹음 기능을 이용해서 간편하게 녹음을 해놓았다가 나중에 들어도 재미있다. 자신이 한 이야기의 내용과 목소리의 빠르기와 톤, 쉬는 정도와 시간 등을 체크하고 교정할 수도 있다.

진행은 돌아가면서 하고 진행자가 다음 주 북클럽에 대한 모든 것을 제안할 수 있다. 또는 자신이 관심 있어 하는 한 가지 주제를 주고 그것과 관련된 책에 대해서 하자고 해도 된다.

북 클럽의 소소한 규칙들

- 시간: 초가을, 토요일 오전 9시 30분에서 10시 30분경
- 아침 식사 준비: 구운 식빵, 무화과 잼, 블루베리 팬케이크, 다양한 견과류
  와 베리, 메이플 시럽, 서니 사이드 업, 커피, 저지방 우유
- 가져온 책
  · 아빠:『보보스』(데이비드 브룩스 지음, 형선호 옮김, 동방미디어, 2001)
  · 엄마:『춤추는 세상을 껴안은 화가 브뢰겔』(노성두 지음, 아이세움, 2005)
  · 상현:『수학 유령의 미스터리 수학』(류강은 글, 김현민 그림, 김연비 감수,
    글송이, 2011)
- 참여자: 아빠, 엄마, 상현
- 진행자: 엄마(돌아가면서 하는데 이번 주에는 엄마가 한다)
- 이야기하는 순서: 나이가 어린 순서대로 이야기를 한다. 우리 가족은 상현
  이부터 시작한다.
- 규칙
  · 전체 토의 시간은 40분이 넘지 않는다.
  · 한 사람당 이야기는 3분이 넘지 않도록 한다(발언 시간을 지키는 것은 아
    주 중요하다).
  · 질문과 감상은 꼭 이야기한다.
  · 존댓말을 사용하고 호칭은 이름과 '님'이나 '○○○ 토론자'로 하는 것도
    좋지만, 편안하고 자연스럽게 그냥 엄마, 아빠, 상현이로 부르기로 한다.
  · 경어를 사용한다.
- 북클럽 순서
  ① 지난 한 주 동안의 이야기

② 각자 가져온 책 소개

③ 질문과 대답

④ 느낌과 감상

⑤ 정리와 다음 주 공지

북클럽 일지: 창밖으로는 황금빛 가을 햇볕이 익어가고

엄마: 자, 그럼 오늘도 '토요 북클럽'을 시작하겠습니다. 다들 지난 한 주간 잘 지내셨죠? 이젠 여름이 막 끝나고 가을로 접어들었습니다. 우선 상현이부터 지난 한 주간 일을 이야기해주세요. 그리고 지난주를 한 문장으로 표현해주세요.

상현: 이젠 매미 소리가 아니라 귀뚜라미 소리가 들려요. 저는 지난주에 방과 후 교실에서 마술을 배웠습니다. 흰 줄로 고리를 만드는 마술인데 재미있었어요.

아빠: 상현이가 하는 마술 좀 보고 싶네. 지난주를 정의한다면?

상현: 마술은 조금 있다가 할게요. 아! 이름이 '로프 마술'이에요. 그리고 지난주는 "잘 가셈! 8월"이요.

엄마: 네, 상현이 마술을 기대해볼게요. 이야기 잘 들었습니다. 이제는 아빠가 해주세요.

아빠: 우선 우리 가족이 별 탈 없이 한 주를 보낸 것에 감사하고요. 이번 주에는 제가 일이 많아서 집에 늦게 들어와서 미안하네요. 그러나 지난주에는 운동도 열심히 해서 좋았습니다. 저는 지난주를 한자어로 표현한다면 '상저하고'라고 이야기하고 싶네요. 전반기에는 좀 지쳤지만 후반기에는 컨디션을 되찾아서 활기가 넘쳤거든요.

상현: 이번 주에도 늦어요?

아빠: 아니야.

엄마: 이야기 잘 들었습니다. 저는 지난주에 도서관에서 하는 자녀 교육에 관련된 강연을 들었는데 무척 유익했어요. 앞으로도 그런 기회가 있다면 자주 듣고 싶었어요.

아빠: 지난주 언제였는데?

엄마: 화요일 오전이요.

상현: 아! 그래서 엄마가 도서관 매점에서 맛있는 초코파이를 사왔구나!

엄마: 응. 그럼 나는 지난주를 '초코파이를 부르는 교육'이라고 할까? 이제부터 가져오
　　　신 책들을 소개해주시고 감상을 이야기해주세요. 역시 상현이부터 시작해주세요.

상현: 아, 저 조금만 있다가 하면 안 돼요?

엄마: 왜요? 준비하려고요? 네, 그래요. 그럼 상현이 아빠부터 해주세요.

아빠: 저는 『보보스』라는 책을 가져왔습니다. 이 책의 저자는 데이비드 브룩스(David
　　　Brooks)이고 제가 한 15년 전에 지하철을 타고 출퇴근을 할 때 읽었던 책입니다.
　　　산업사회와는 달라진 현대사회의 신흥 계층에 관한 내용이었습니다. 참 재미있
　　　게 읽어서 더욱더 기억에 남았던 책입니다.

상현: 그런데 '보보스'가 무슨 뜻이에요?

아빠: 네, 가장 중요한 질문입니다. '보보스'란 상현이에게는 조금 어려운 이야기이지만
　　　부르조아와 보헤미안이 합쳐진 신조어입니다. 그 두 가지의 특성을 가진 새로운
　　　계층을 의미하죠.

엄마: 그 당시 '보보스'라는 용어가 꽤 많이 이야기되었던 기억이 납니다. 제가 살던 동
　　　네에 카페 이름도 '보보스'였을 정도였으니까요. 갑자기 현재 우리를 규정하는 단
　　　어는 무엇일까 궁금해지네요. 저는 브뢰겔이라는 화가의 이야기를 담은 『춤추는
　　　세상을 껴안은 화가 브뢰겔』이라는 책을 가져왔어요. 화가의 그림도 많이 수록되
　　　어 있죠. 특히 「겨울 풍경」이라는 그림을 제일 좋아하는데 「이카루스의 추락」이나
　　　「시골 결혼식」으로 유명한 화가죠. 이 「겨울 풍경」 그림은 참 낯익으면서도 생소
　　　한, 묘한 감정이 느껴져요. 어릴 적 가본 곳을 그림으로 보는 듯한 그런 느낌이랄
　　　까요. 브뢰겔의 또 다른 유명한 작품은 「플랜더스의 개」의 주인공 소년인 네로가
　　　마지막 보고 싶었던 그림 「십자가 강하」도 있어요. 그 그림이 있는 곳은 벨기에와
　　　네덜란드의 접경 지역인 안트베르펜에 있는 교회인데 오래전 벨기에에 갔을 때
　　　다녀왔습니다. 자, 그럼 그림을 감상해보세요. 이 그림이 바로 「겨울 풍경」입니다.

상현: 이쪽으로 보여주세요.

엄마: 여기요.

상현: 그림이 참 포근하네요.

아빠: 이 풍경은 우리나라의 겨울 풍경과도 비슷해요.

엄마: 그래서 이 그림이 더욱 좋았는지도 모르겠네요. 이제는 상현이 차례네요.

상현: 『수학 유령의 미스터리 수학』을 가져왔어요. 수학이 어려운데 이렇게 보니까 재미있어요.

아빠: 어떤 내용으로 되어 있나요?

상현: 수학에 관련된 재미있는 이야기가 다 들어 있어요.

엄마: 이야기 중 특히 기억에 남는 것이 있다면요?

상현: 돈이 불어나는 웅덩이에 관한 내용인데, 계산은 어렵지만 재미있었어요.

아빠: 다 읽고 나서 어떤 생각이 들었나요?

상현: 수학 공부를 잘 해야겠다는 생각이 들었어요.

엄마: 네, 오늘도 좋은 책 세 권으로 토요 북클럽을 했습니다. 아빠가 가져오신 『보보스』는 현재 우리 사회의 시각으로 봐도 의미 있다고 생각합니다. 그리고 상현이가 가져온 『수학 유령의 미스터리 수학』은 어려운 수학을 재미있고 흥미롭게 표현했네요. 제가 가져온 책으로는 잠시 좋은 그림을 보고 여유를 갖는 시간이 되었으면 합니다. 항상 그렇지만 '북클럽'으로 토요일 아침이 더욱더 상쾌해지네요. 다음 주에 진행은 아빠가 해주시고요. 다음 주에는 '공주 한옥마을'에서 하죠. 한옥마을을 가니 주제는 '집'으로 정해서 할까요? 집에 관한 책들을 읽어서 소개해주시길 바랍니다. 그럼 좋은 한 주 보내세요. 그리고 상현이는 마술 좀 보여주세요.

아빠 · 상현: 네, 감사합니다.

더 재미있는 북클럽을 위해 준비해야 할 것

읽은 책과 함께 다음과 같은 형식으로 책에 대한 내용을 정리해서 가져오면 이야기를 하기에 더 쉽고 편하다.

도서명:

저자명:

출판사:

발행연도:

기억나는 줄거리:

내가 좋아하는 한 구절:

감상과 느낌:

궁금한 점:

PART 4

겨울,
헤어짐과
또 다른
만남

베개를 베고 누워
은은한 기도를 올린다.
'감사합니다, 이 한 해.
내가 이웃과 함께 이야기하고
다정히 손을 잡아보고
아이들의 귀여운 음성을 들었던 것을.'

이탄, 「기도」 중에서

겨울의
냄새를 맡고

아이의 마음을 따뜻하게 녹일 수 있는 것은 엄마의 사랑이다
『윤석중 동시선집』(윤석중 지음, 이준관 엮음, 지식을 만드는 지식, 2015)
『아기여우와 털장갑』(니이미 난키치 글, 구로이 켄 그림, 손경란 옮김, 한림출판사, 1998)

　의진이는 동시 공책을 가지고 있다. 동시를 읽다가 마음에 드는 작품을 만날 때면 그 공책에 적어놓는다. 읽은 날의 날짜와 동시의 제목 그리고 지은이를 쓴 후 실제 작품을 그대로 옮겨 적는다. 그리고 마지막으로 한 줄 감상을 적어놓는다. 가끔은 그중에서 좋아하는 동시를 외우기도 하고 쓰기도 한다. 이렇게 동시 공책을 만들어서 아이가 좋아하는 시를 직접 쓰고 낭송할 수 있도록 하면 어휘력도 자연스럽게 좋아지고 시에 대한 이해도 할 수 있다. 엄마가 여러 동시집을 먼저 읽어보고 아이와 읽어볼 만한 것을 추려서 동시집을 따로 만들어주는 것도 좋다. 동시집은 작고 얇기에 아이와 외출할 때에도 부담 없이 가방에 넣어 다닐 수 있다. 그래서 지하철로 어딘가를 갈 때나 누군가를 오랫동안 기다릴 때 한 편씩 읽어줄 수 있다. 읽고 나서 같은 제목으로 다른 시를 지어보기도 하고, 그 작품을 변용해서 다른 작품을 만들어보는 것도 재미있다.

　동시는 시의 원형이라고 한다. 우리나라 동시의 출발은 시적인 요소보다는 노래로서의 특징이 강했다.[1] 그래서 그 당시의 시들을 '동요시'라고도 한다.

---

[1] 이러한 특수성은 비문학적이라거나 미성숙의 문학이라는 논점으로 그 가치를 파기시킬 수 없는 커다란 사적 전통이라는 데에 그 중요한 의미를 지니고 있다. 고대시가에서 개화가사, 창가로 이어지는 사적전

그러다가 1933년 윤석중의 동시집인 『잃어버린 댕기』에서 비로소 동시가 시로서 인식되었다. 이후 사회 · 역사 · 문화적인 흐름 안에서 동시도 변화를 거치며 성장하고 발전하는 모습을 보인다. 우리가 잘 알고 있는 정지용, 박목월, 윤동주 등의 시인들도 아름다운 동시를 많이 지었다. 윤석중의 동시는 우리나라의 동요문학을 결정짓는 전형이 되었으며, 국어의 아름다운 어휘가 동시로서 지켜지고 교육될 수 있도록 하는 데 큰 역할을 했다. 그의 동시가 교과서의 교재가 되어서 성장하는 어린이들의 어휘에 결정적이라고 할 만큼 영향을 주었기 때문이다.[2] 우리에게 잘 알려진 윤석중의 동시로는 동요로도 유명한 「퐁당퐁당」이나 그림책으로도 만들어진 「넉 점 반」 그리고 교과서에 실린 「키 대보기」 등이 있다. 대부분 아이와 함께 외워보기에 적합한 시들이다.

내 옷 어디 갔어?
옳아, 차가울까봐
엄마가 자리 밑에 넣어두셨구나.

내 밥 어디 갔어?
옳아, 식을까봐
엄마가 포대기로 싸놓으셨구나.

내 신 어디 갔어?
옳아, 발 시릴까봐
엄마가 아궁이 앞에 놔두셨구나.

엄마 어디 갔어?
옳아, 얼음길 조심조심

통의 직접적인 계승자가 일반문학이 아닌 동시문학이라는 사실이다. 이재철, 「한국 동시 약사」, 『한국 동시 어제와 오늘, 내일을 읽다』, 문학과 문화, 2013, 11쪽 참조.

2) 최지훈, 「세계 동시문학의 향도가 되어야 할 시점에 서서」, 위의 책, 문학과 문화, 2013, 48~49쪽 참조.

물을 길으러 가셨구나.

추위에 튼 엄마손

오늘 밤도 두 손으로

꼬옥 쥐고 잘 테야.

    —윤석중, 「겨울엄마」 전문[3]

  이 시는 1960년『어린이를 위한 윤석중 시집』에 발표되었다. 시가 쓰여졌을 당시 대부분의 집에는 난방시설이 없었다. 그래서 추운 겨울에 엄마는 아이를 위해서 옷이며 신이며 밥을 따뜻한 아랫목에 놓는다. 아이가 따뜻한 옷을 입고 밥을 먹을 때쯤이면 엄마는 얼음길을 걸어 물을 길러간다. 요즘 아이들에게는 너무나도 생소한 이야기다. 그러나 아이를 생각하는 엄마의 마음은 다르지 않을 것이다. 이 작품은 아이들이 지닌 동심과 처한 현실을 잘 형상화하고 있다. 또 엄마와 아이에 대한 따뜻한 느낌도 작품 속에서 잘 나타난다. 이 시를 읽다보면 추위와 가난으로 슬프거나 고통스러운 가족의 모습보다는 따뜻하고 행복한 기운이 전해진다. 추위도 녹일 수 있는 엄마의 마음, 그 엄마의 손을 꼬옥 쥐고 자는 아이의 밤이 떠오르기 때문이다.

  아이들의 생활을 사실적으로 표현하고, 아이들의 생각을 나타내는 시가 좋은 동시라고 생각한다. 현재 우리의 동시는 동심을 아름답게 표현한 시뿐만 아니라 사회의 양극화 현상이나 소외받은 아이들의 문제, 다문화가정 등 여러 문제를 소재로 이야기하고 있다. 아이들에게 세상의 진실에 대해서 어디까지 이야기해야 하는지는 의문이다. 사회 문제도 다양하고 그 문제를 갖고 생활하는 아이들의 모습도 여러 형태로 나타난다. 소재로 삼은 문제의 핵심을 꿰뚫는 성찰을 바탕에 깔고 있어야 좋은 작품이 나올 것이다. 아이의 시선 또한 동

---

3) 윤석중 지음. 이준관 엮음. 「겨울엄마」,『윤석중 동시선집』, 지식을 만드는 지식. 2015.

시의 범주이므로 모범답안이나 사회의 '건강성'에 기대야 한다고 전제할 필요는 없다.[4]

윤석중의 「겨울엄마」의 엄마뿐만 아니라 모든 엄마들에게 아이를 키우는 일은 고단하기도 한 일이다. 일과 육아를 함께 하는 엄마들의 경우에는 더욱 신경을 써야 할 부분이 많다. 의진이는 스튜디오를 운영하는 엄마를 잘 이해한다. 일을 하느라 방과 후 대부분의 시간을 아이와 함께 있지 못하는 엄마를 대신해 할머니와 이모와 같은 분들이 돌봐주신다. 그렇기 때문에 오히려 혼자서 자신의 공부나 물건들을 잘 챙기게 되었다. 엄마에 대한 애틋함도 커서 얼마 전에는 아파트에서 열었던 장터에서 그동안 모은 돈으로 산 예쁜 팔지를 엄마와 이모에게 선물했다. 엄마를 생각하는 아이의 마음이 듬뿍 담긴 선물이다.

그래서 의진이네 가족은 주말을 이용해서 여행을 자주 간다. 여행을 하면서 매일 자주 함께하지 못했던 아쉬움을 달래고, 가족 간의 정(情)도 더욱 돈독해졌다. 가족 여행을 통해서 아이가 정신적으로 훌쩍 성장하는 것은 당연한 이야기다. 일상의 작은 부분들을 함께하지는 못하더라도 아이에게 믿음과 사랑을 주고 커다란 방향을 제시해주는 것이 좋다.

아름다운 동화를 많이 쓴 니이미 난키치(新美南吉)와 구로이 켄(黑井健)의 서정적인 그림이 담긴 『아기여우와 털장갑』이라는 아주 아름다운 책이 있다. 추운 겨울 눈 때문에 손이 시린 아기여우를 보고 엄마여우는 장갑이 필요하다고 생각한다. 여우가 장갑을 사려면 사람들이 사는 마을로 가야만 한다. 그러나 오래전에 친구와 함께 마을로 가서 사람들에게 호되게 봉변을 당했던 기억이 있는 엄마여우는 도저히 그곳으로 갈 수가 없다. 그래서 아기여우 혼자만 마을로 보낸다.

이 책을 읽은 사람들은 이 부분을 다양하게 해석한다. 마을은 비록 엄마는

---

4) 김이구, 「불편한 소재, 불편한 진실 2」, 『해묵은 동시를 벗어버리자』, 창비, 2014, 51쪽.

상처를 입었던 곳이지만 아이에게는 새로운 관계를 건강하게 맺을 수 있는 기회가 될 수도 있는 곳이다. 엄마는 그것을 염두에 두고 걱정하면서도 보내는 것이다. 대신 아기여우의 한쪽 발을 사람 손으로 만들어주고, 사용할 수 있는 은화도 쥐어준다. 세상에 나가서 생존할 수 있는 기술을 알려주는 것이다. 물론 아기여우는 눈 오는 밤에 멋진 세상 풍경을 구경하고 돌아왔다. 그러나 아기여우가 느낀 세상의 모습도 일부만 진실일 것이다. 장갑 가게 할아버지는 은화를 받았기에 장갑을 주었을 뿐이다. 눈 오는 창가에서 들려오던 따뜻한 자장가 소리에 아기여우가 엄마 생각을 하게 된다. 아기여우는 엄마를 생각하자 포근함이 떠올랐다. 엄마여우가 보고 싶어져서 빨리 돌아가야겠다고 생각한다.

> 아기여우는 노랫소리를 들으며, '저건 분명히 사람 엄마의 목소리임에 틀림없어'라고 생각했습니다. 왜냐구요? 아기여우가 잠을 청할 때도 늘 엄마여우는 지금처럼 부드러운 목소리로 자장가를 불러주셨기 때문입니다.[5]

아기여우는 자신이 엄마에게 받았던 사랑만을 기억하며 세상을 아름답게 인식한 것이다. 아기여우를 기다리던 엄마여우는 아기여우의 이야기를 듣고 세상에 대해 다시 생각해본다. 세상은 친절하기도 하고 위험하기도 하다. 좋을 수도 나쁠 수도 있다. 자신의 경험만큼 보이고 인식하게 되는 것이다.

한편 이 이야기 속 엄마여우를 세상과 사람들에게 상처받은 사람의 상징으로 해석하는 시각이 있다. 엄마여우의 상처는 세상을 두려워하고 기피하게 만들었다. 그리고 그 기억은 다른 이들의 마음이나 생각을 있는 그대로 투명하

---

5) 니이미 난키치 글, 구로이 켄 그림, 손경란 옮김, 『아기여우와 털장갑』, 한림출판사, 1998.

게 바라보지 못하게 한다.[6] 상처로 타인과의 소통이 어려운 엄마들도 아이로 인한 타인과의 만남의 기회가 생긴다. 누군가와 항상 친밀한 관계의 사람들은 또래 집단들과 친분을 맺으며 아이의 교육 정보도 얻고 아이에게 친구도 만들어줄 수 있다. 그러나 엄마여우와 같이 어떠한 사정으로 세상에 나갈 수 없는 엄마들은 그 집단에 참여하기가 힘들다. 그리고 자신 때문에 아이에게 피해가 가진 않을까 걱정하고 자신의 상황을 원망하기도 한다. 그러나 아이는 우리의 생각보다 강하다. 결핍된 부분만큼 채워나가고 발전시켜서 자신만의 인생을 멋지게 만들어나갈 것이다. 그때 필요한 것은 엄마의 지지와 격려 그리고 사랑뿐이다. 언제나 아이의 마음을 따뜻하게 녹일 수 있는 것은 엄마의 사랑이다. 엄마의 마음을 이 작품들로 전해보는 것은 어떨까?

---

6) 진선희, 『그림책을 읽다』, 한우리 문학, 2013, 145~146쪽 참조.

엄마와 아이가 함께 해요

📖 책을 읽기 전에

겨울, 헤어짐과 또 다른 만남

✎ '엄마 어렸을 적에' 등 오래전 모습을 엿볼 수 있는 사진전이나 물품전을 함께 본다.

✎ 따뜻한 볕을 맞으면서 아이와 다음 노래를 부르며 전래 손 놀이를 해본다.

남산 위에 초가집 짓고
어여쁜 얼굴로 달려갔더니
옆집 순이는 시집을 가고
나는 망했네. 나는 망했네.
요놈의 가시나 오기만 해봐.
누가 이기나 시합해보자. 가위바위보.

Tip. 전래 손 놀이
노래를 부르며 율동을 하다가 나중에 가위바위보를 해 진 사람이 고개를 숙인다. 진 사람의 목 뒷부분에 이긴 사람이 손가락을 눌러서 몇 번째 손가락인지 맞추는 놀이다.

✎ 「퐁당퐁당」(홍난파 작곡, 윤석중 작사) 노래를 불러보고, 동요의 제목과 가사를 바꾸어본다.

퐁당퐁당

퐁당퐁당 돌을 던지자.
누나 몰래 돌을 던지자.
냇물아 퍼져라.
멀리멀리 퍼져라.
건너편에 앉아서 나물을 씻는
우리 누나 손등을 간질여주어라.

_____

_____ 돌을 던지자.

_____ 돌을 던지자.

냇물아 퍼져라
멀리 멀리 퍼져라.

_____ 나물을 씻는

_____ 손등을 간질여 주어라.

📖 책을 읽고 나서

💬 생각 연습

↘ 다음 동시를 읽어보고 아이와 동시의 제목을 생각해보자. 그리고 아래
의 이야기를 읽어보자(이 시의 제목은 각주 부분에 있다).

껄쭉껄쭉한
새 도화지

예쁘게
말아 논
그 안에는

푸른 바다가
하나 가득
출렁이고 있었다.[7]

---

7) 시의 제목은 '달걀'이다. 윤부현 · 오규원 지음, 김용희 · 이준관 엮음, 「달걀 2」, 『윤부현 · 오규원 동시선
집』, 지식을 만드는 지식, 2015.

↘ 책을 읽으면서 가장 인상 깊었던 부분이나 장면을 그림으로 표현해보자.

✎ 쓰기 연습

↘ 「겨울엄마」라는 시를 변용해서 여름과 아빠를 소재로 하는 시를 써보자.

여름아빠

_____

_____

_____

_____

_____

_____

_____

Tip. 동시 짓기

– 쉽고 아름다운 시어를 사용한다.

– 운율, 리듬감을 살린다.

– 동시는 행과 연으로 이루어져 있다. 한 줄 한 줄은 행이고 행이 모
여서 이루어진 한 덩어리를 연이라고 한다.

– 살아 있지 않은 것들도 살아 있다고 생각하고 쓴다.

– 흉내 내는 말을 적절히 이용한다. 소리를 흉내 내는 말과 모습이나
행동을 흉내 내는 말이 있다.

↘ 다음은 김영일 시인의 동시다. 아이가 화경으로 개미를 쪼이는 이유를 '추운아침'이라는 뒷부분에서 짐작해보면 개미를 따듯하게 해주기 위해서라는 것을 알 수 있다. 처음에는 아이의 잔인한 장난으로 생각할 수도 있지만 5, 6연의 '추운아침'이라는 단어 때문에 내용이 매우 달라진다. 이와 같이 동시의 한 부분을 바꿔 써보자.

옆집아이가
화경으로
개미를 쪼이고 있다.

추운
아침
추운아침

−김영일, 「추운아침」 전문[8]

옆집아이가
화경으로
개미를 쪼이고 있다.

_____

_____

_____

8) 김영일 지음, 이준관 엮음, 「추운 아침」, 『김영일 동시선집』, 지식을 만드는 지식, 2015.

↳ 『아기여우와 털장갑』을 읽고, 느낌이나 생각을 동시로 표현해보자.

_____

_____

_____

_____

_____

🎤 말하기 연습

↳ 위에서 지은 동시를 큰 소리로 읽어보자.

Tip. 동시를 읽는 방법

- 우선 동시를 올바르게 이해한다. 제목과 지은이를 알고, 전체 분위기와 배경을 살핀다.
- 시인이 사용한 시어에서 나타내려고 한 의미나 생각을 찾아낸다.
- 알맞은 감정을 담아 읽는다.
- 반복되는 말이나 흉내 내는 말이 있다면 느낌을 살려서 재미있게 읽어본다.
- 리듬감을 살려서 노래하듯이 읽는다.
- 작품 속의 장면을 떠올리며 생생하게 읽는다.
- 빠르기와 톤 등을 조절하면서 읽는다.

↳ 친구들이나 가족들과 여러 편의 동시를 외우고 암송대회를 해보자.

　겨울밤은 길다. 오래전 그 겨울밤에는 할머니들의 옛날이야기가 있었다. 긴 겨울밤을 즐겁게 해주는 옛이야기를 아이들은 특히나 좋아한다. 사람들은 그들이 꾸며낸 이야기 속에서 상상을 마음껏 펼칠 수 있었고 시공간을 마음껏 넘나들 수 있었다. 이야기를 만드는 사람들은 자신이 하고 싶은데 하지 못하는 모든 것을 이야기 속에 모두 넣었다. 그리고 현실에서는 풀 수 없는 이야기들을 자유롭게 풀어나갔다.[9)]

　『서정오의 우리 옛이야기 백가지』는 1편과 2편으로 구성되어 있어서 그 양이 방대하다. 각 편마다 5개의 장으로 되어 있고, 주제별로 많은 이야기를 포함하고 있다. 이 책은 연령에 관계없이 읽을 수 있지만 그림이 없고 글로만 되어 있어 아이들이 읽기에는 다소 벅찰 수 있다. 그래서 어른들이 먼저 읽은 후 아이에게 이야기를 들려주는 형식으로 한다거나 잠자리에 드는 아이에게 읽어주면 좋은 책이다. 아이는 귀로 이야기를 듣고 상상하는 즐거움이 더욱 크다. 한 편씩 읽어주다보면 긴 겨울밤이 한층 즐거워질 것이다. 주제별로 구분해놓은 5개의 장을 살펴보면 '모험과 기적', '인연과 응보', '우연한 행운', '세태와 교훈', '슬기와 재치', '풍자와 해학'으로 묶여 있다. 이야기는 대체로 "옛날 어느 고을에 ……"로부터 시작해서 "…… 그래서 잘 살았답니다"로 끝난다. 말로 전해지는 민담의 특성상 구체적인 장소는 나오지 않는다. 그리고 말을 전하는 사람들의 공통적인 생각이 담겨 있기에 이야기의 결말이 대부분 행복하게 끝난다.

---

9)　서정오 글, 이우정 그림, 『서정모의 우리 옛이야기 백가지 1』, 현암사, 2015, 518쪽 참조.

민담의 내용이 가리키는 자리는 바로 '진실'이다. 아무리 허황된 이야기를 하고 있거나 도깨비며 동물이 나와서 이야기를 하는 허무맹랑한 상황일지라도 거기에 내포된 의미는 '진실'이다. 그리고 그것은 풍자나 해학 등의 장치로 살짝 가려져 있어서 자칫 그냥 지나칠 수도 있다. 그러나 이러한 이야기들을 오랫동안 듣게 되면 자신도 모르는 사이에 이야기에서 표방하고 있는 가치관을 깨닫게 될 것이다.

책에 소개된 내용 중 '이야기'의 특징을 잘 알려주는 이야기를 선별했다. 우선 '이야기'의 본질을 보여주는 내용과 '이야기'가 가진 보편적인 주제를 포함한 내용 그리고 '이야기'의 주인공이나 대상을 가리키는 내용이다. 본질과 주제 그리고 대상이 곧 '이야기'를 이해하는 데 꼭 필요한 요소이기 때문이다.

본질을 말해주는 것부터 살펴보자. 제목은 '이야기 귀신'이다. 이야기를 듣기만 하고 다른 사람에게 말해주지 않는 한 사람이 있었다. 그는 어릴 적부터 이야기를 너무 좋아했다. 그러나 다른 사람의 이야기를 듣고 난 후 주머니에 담기만 하고 누군가에게 전달하지는 않았다. 주머니 속에만 갇혀 있던 이야기들은 귀신이 되었다. 갇혀만 살던 이야기들은 그가 장가가는 날 원수를 갚자며 그를 죽이려고 한다. 그러나 우연히 그것을 엿들은 하인의 재치로 그는 살아난다. 그래서 이야기들을 다 풀어준다는 내용이다.

여기에는 '이야기'라는 것이 가지고 있는 본질적인 성격이 들어 있다. 즉, '이야기'는 말하는 사람의 가치관대로 가감되는 과정을 통해서 완성된다는 것이다. 다른 사람의 이야기를 들었으면 그것을 내 경험과 지식과 생각을 넣어서 일종의 재창조를 해야만 한다. 그리고 다른 사람에게 전달해주는 것이 이야기를 들었던 사람의 의무라는 것이다.

사람들은 하고 싶은 말을 '이야기' 속에 숨겨놓았다. 대놓고 하기 어려운 말, 오랜 세월 동안 가슴에 맺힌 말, 곰곰이 삭여보아야 알 만한 말일수록 그랬다.

그러한 말이 세월을 건너뛰어 오늘 날 우리에게 전해지는 것은 놀라운 일이다.[10]

　'이야기'의 주제를 보여주는 「천년 묵은 지네」도 흥미롭다. 약초 캐는 어떤 사내가 한 산골에 왔다가 좋은 집에 사는 예쁜 아낙을 만났다. 혼자 사는 아낙은 자신과 함께 지내며 청소나 해주고 장날마다 장에 가서 보고 들은 이야기만 들려주면 먹여주고 재워주면서 돈을 주겠다고 한다. 사내는 마침 가족도 없던 터라 아낙을 아내로 삼아 행복하게 살면서 가끔 장터로 나가 장이 서는 이야기를 해주었다. 그러던 어느 날, 사내는 장터에서 이상한 초립동을 만난 이야기를 하게 되고, 아내의 부탁으로 초립동을 몰래 쫓아간다. 초립동에게 걸린 사내는 그의 아내가 천년 묵은 지네라는 것을 알게 된다. 지네를 죽이기 위해 독한 담뱃진을 묻히고 집에 간 남편은 문틈으로 아내를 훔쳐본다. 커다랗고 흉측한 지네가 거울 앞에 앉아 있는 것을 보고 아내의 정체를 확인하게 된다. 그러나 불을 피워서 독한 담배 냄새를 풍긴 후 지네를 죽이려 한 남편은 곧 마음을 바꾼다. 남편은 개울가로 가서 담배 냄새가 나는 몸을 깨끗하게 씻고 집으로 돌아온다. 그는 자신의 아내로 3년이라는 세월을 함께 살아온 그녀를 죽이지 못하고 죽더라도 자기가 죽겠다고 마음먹는다. 그를 기다리던 아내에게 "내가 오늘 당신이 지네인 것을 알았소. 어떻게 된 일인지 이야기를 해주오"라고 한다. 아내에게 사실은 초립동이 천년 묵은 지렁이라는 자초지종을 듣고 사내는 아내와 힘을 합쳐서 지렁이를 물리치고 부자가 되었다는 이야기다.

　이야기는 '진실의 힘'이 얼마나 센지 말하고 있다. 만일 사내가 지렁이의 이야기만 듣고는 그저 자기 목숨만 생각하고 앞뒤 사정을 가리지 않았다면 지네인 아내를 그냥 죽였을 것이다. 그렇다면 그는 오히려 지렁이에게 죽임을 당했을지도 모른다. 자기의 목숨을 걸고 진실하게 상대방을 대했기에 아내는 원

---

10)　서정오 글, 이우정 그림, 위의 책, 5쪽 참조.

수를 갚고, 그 이후로도 잘 살게 된 것이다. 그래서 남편이 개울로 가서 몸을 깨끗하게 씻고 집으로 들어와서 아내에게 자신이 안 사실을 진실하게 이야기하는 부분은 우리에게 시사하는 바가 크다. 사람과의 정을 생각하고 진실하게 행동함으로써 그는 큰 복을 받은 것이다.

옛이야기의 주인공은 대부분 약하고 어렵게 사는 이들이다. 그렇기에 그들은 이야기를 통해서라도 잘살고 싶은 꿈과 욕망을 보여준다. 대체로 약한 이들이란 대체로 머슴, 하인, 가난한 사람, 장애인, 여성 등을 말한다. 당시 여성의 상황을 잘 보여주는 이야기로 「누이방죽 이야기」가 있다. 이 이야기는 우리나라 여러 곳에 전해지는 전설 중 하나로 각 편 또한 여러 가지이다. 각 편에서는 주인공도 다소 차이가 있고, 힘내기 방식이나 힘내기를 하는 이유 등이 다르기는 하다. 그러나 딸이 이기는 것을 싫어하는 어머니가 딸에게 뜨거운 팥죽을 먹이고 난 후 아들을 살린다는 전체적인 내용은 같다. 이 이야기는 성차별적인 요소가 잘 드러나 있고, 특히나 여성의 지위가 낮았던 그 시절의 현실을 이야기를 통해서 보여준다.

한집에 오누이가 살았는데 그들은 힘이 무척 센 장사였다. 그러나 오빠보다는 누이동생이 더 장사였다. 어느 날 나라에서 그 집을 찾아와서 한집에 장사가 둘이나 있는 것은 괴이한 일이니 시합을 해서 이긴 사람만 살려주겠다고 말했다. 오빠는 무쇠로 만든 신을 신고서 산을 한 바퀴 돌아서 오고, 누이동생은 커다랗고 무거운 돌을 옮겨서 높은 성을 쌓는 시합이다. 둘 중 일을 먼저 끝내는 사람만 살려준다는 것이다. 그동안 누이동생은 항상 오빠보다 자신을 내보이지 않으려고 힘을 아끼고 살아왔다. 그런데 성을 쌓기 시작하자 자신도 모르게 신이 나서 무척이나 빠르게 쌓았다. 다 쌓고 돌을 하나만 놓으면 되는 순간에 어머니가 찾아와 "얘야, 성을 쌓기 힘드니 팥죽 한 그릇만 먹고 쌓아라"라고 말한다.

그런데 어머니가 건네준 팥죽은 펄펄 끓고 있었다. 딸은 먹기 힘들다고 하지만 어머니는 "후후 불어가면서 천천히 먹거라." 하며 권한다. 딸이 후후 불어가면서 천천히 먹다가 문득 오빠가 생각났다. 자신이 성을 빨리 쌓아서 오빠를 이기게 되면 오빠는 죽게 될 것이라는 생각이 들었다. 그리고 어머니가 자신에게 팥죽을 가져다준 의도도 알게 되었다. 슬프지만 딸은 곧 팥죽 한 그릇을 맛있게 비웠다. 어머니가 딸에게 준 마지막 음식이었던 것이다. 잠시 후 오빠가 도착했다. 그는 아직 성을 다 쌓지 못한 누이동생에게 "너는 아직 돌을 놓을 자리가 하나 남아 있으니 이 시합에서는 내가 이겼다"라고 말했다. 누이동생은 "맞아요, 오빠가 이겼어요. 그럼 안녕히 계세요." 하고 어머니와 오빠에게 작별 인사를 했다. 그리고 자신이 높이 쌓아올린 돌성 위에서 떨어져 목숨을 끊는다.

이 이야기를 들은 많은 이들은 두 사람이 힘을 합쳐서 시합을 하게 만든 이들을 물리치지 왜 시합을 하고 죽게 되는지 의문을 제기하기도 한다. 그러나 이 이야기에서는 너무나도 어려운 형편에 자식 둘을 키우지 못하는 경우 아들만을 살릴 수밖에 없는 어머니와 그 당시의 현실을 엿볼 수 있다.

이러한 이야기에는 많은 사람들이 직접 겪은 경험이 담겨 있다. 이야기를 하고 듣는 사람들은 그 경험을 통해 지혜를 배우고자 했다. 그 지혜에는 조심하고 경계해야 할 가치 있는 것들이 많이 담겨 있다. 특히 지식이나 재산을 지나치게 많이 가진 것을 경계하며, 지식이나 재산이 많은 것보다는 주위에 있는 이들과 조화롭게 나누어서 사는 것이 복이라고 강조한다. 그리고 이러한 주제를 풍자와 해학을 곁들여서 이야기를 한다. 풍자로 다칠 수도 있는 것들을 해학으로 감싸준다. 작가의 말과 같이 이야기를 듣다보면 귀한 것과 하찮은 것은 본래부터 없었다는 것을 알게 된다. 그것은 사람을 대할 때도 마찬가지다. 귀한 것과 천한 것, 귀한 사람과 천한 사람은 본디부터 있었던 것이 아니다. 그것은 대하는 사람의 마음에 의해서 결정된다.

추운 겨울 밤, 밖에는 눈이 내리고 아이에게 옛이야기를 들려준다. 무서운 부분에서는 오싹하게 만드는 목소리를 내보기도 하고 우스운 부분에서는 과장해서 웃어보기도 한다. 무서운 이야기를 하려고 하면 아이는 귀를 막고, 우스운 이야기를 하면 나보다 먼저 웃는다. 이야기를 듣는 아이의 눈빛에는 호기심이 가득하다. 이야기 하나로 엄마와 아이는 더욱 가까워진 것도 같다.

엄마와 아이가 함께 해요 ●●

📖 책을 읽기 전에
📞 엄마가 가장 좋아하는 옛이야기를 아이에게 들려준다.
📞 가장 좋아하는 옛이야기 속 등장인물들의 별명을 만들어본다.

📖 책을 읽고 나서

💬 생각 연습

↘ 옛이야기는 주로 구어체로 전해진다. 그래서 듣는 사람의 경청과 공감
이 아주 중요하다. '듣는 것이 부주'라는 말이 있다. 누군가의 어려운 이야기
를 그저 집중해서 들어주는 것만으로도 상대에게 큰 도움이 된다는 것이다.
'듣다'의 한자어인 '聽' 자를 자세히 살펴보면, 귀를 뜻하는 '耳'와 눈을 뜻
하는 '目', 하나를 가리키는 '一', 마음을 가리키는 '心'으로 구성되어 있다.
이렇게 구성되어서 '듣다'라는 글자가 만들어진 것에 어떤 의미가 있는지
생각해보자.

↘ '이야기'의 주인공을 새로운 시각에서 생각해보자.
– 「개미와 베짱이」에서 베짱이의 장점을 생각해보자. 있다면 무엇인가?
– '심청이'는 과연 효녀인가? 효녀라면(또는 효녀가 아니라면) 그 이유는
　무엇인가?

✏️ 쓰기 연습
↘ 다음의 이야기는 우리가 잘 알고 있는 이솝 우화 중 「토끼와 거북이」이

다. 이 이야기를 다시 읽고 토끼의 입장에서 글을 써보자.

옛날 옛적에 토끼와 거북이가 살고 있었다. 토끼는 매우 빨랐고, 거북이는 매우 느렸다. 어느 날 토끼가 거북이를 느림보라고 놀렸다. 그러자 거북이는 토끼에게 달리기 경주를 제안했다. 경주를 시작한 토끼는 처음에는 매우 빨랐다. 그런데 뒤를 보니 거북이가 느려도 너무 느린 것이었다. 한참 뒤쳐진 거북이를 보고 안심을 한 토끼는 편안해 보이는 그늘에서 낮잠을 잔다. 토끼가 잠을 길게 자자 거북이는 토끼를 지나치고 열심히 달린다. 잠에서 깬 토끼는 거북이가 어느새 결승점 바로 앞에 있다는 것을 깨닫게 된다. 급히 달려갔지만 이미 거북이가 먼저 결승점을 통과한 뒤였다. 시합에서 거북이가 이긴 것이다.

나는 토끼다. 얼마 전 나는 거북이와 달리기 시합을 하게 되었다. 그런데 _____

_____

_____

_____

_____

_____

_____

_____

🎙 말하기 연습

↘ 아이에게 이야기를 해준 후에는 질문을 한다. 질문을 할 때에는 단순한 사실을 묻는 것보다 사고를 확장할 수 있도록 한다. 질문을 어떻게 하는가에

따라서 아이의 대답도 달라진다. 아이의 질문에 대해서 답을 할 때도 마찬가지다. 질문에 대한 직접적인 답변보다는 아이 스스로 창의적인 해결 방안을 모색할 수 있도록 하는 것이 좋다. 질문을 한 후에는 반드시 생각할 수 있는 시간을 준다. 그리고 아이의 답변에 대해서 긍정적인 대답과 반응을 보여야 한다. 다양한 답변을 유도하며 부모의 입장에서 정답을 판정하면 안 된다. 아이의 다소 엉뚱해 보이는 답변도 칭찬해주는 것이 좋다. 토론 연구자에 의하면 질문은 다음 4단계로 하는 것이 좋다고 한다.[11]

① 사실을 묻는 질문: 이야기의 내용이나 가장 기억나는 장면은 무엇이니?

② 가치를 묻는 질문: 그 이야기에서 무엇을 느꼈니? 네 생각은 어떠니?

③ 의지를 묻는 질문: 네가 만약 그 상황이라면 어떻게 할 거니?

④ 문제 제기를 끌어내는 질문: 이야기를 다 듣고 나서 궁금한 것은 무엇이니?

✎ 미국의 교육심리학자인 벤저민 블룸(Benjamin Bloom)과 그의 동료들은 질문을 인지적 영역에 따라 지식, 이해, 적용, 분석, 종합, 평가의 6단계로 분석했다. 그럼 각 단계별로 적용할 수 있는 구체적인 질문 방법과 질문의 예[12]를 살펴보도록 하자. 우리나라의 전래동화로도 잘 알려진 「금도끼 은도끼」로 질문을 만들어보았다.

옛날 어느 산골에 정직하고 부지런한 나무꾼이 살았다. 나무꾼이 어느 날 나무를 하다가 도끼를 연못 속에 빠뜨리게 되었다. 연못을 보고 낙심하고 있던 차에 연못 속에서

---

11) 강치원, 『토론의 힘』, 느낌이 있는 책, 139~146쪽 참조.

12) 이형주, 「Bloom의 6단계 질문법을 이용한 소설교육 방법에 관한 연구」, 아주대학교 교육대학원 영어교육, 2012, 16~18쪽 참조.

산신령이 나왔다. 산신령은 금도끼와 은도끼를 가지고 나무꾼에게 자신의 도끼냐고 물었다. 나무꾼은 아니라고 대답했다. 곧 산신령은 쇠도끼를 가지고 나와 나무꾼의 도끼냐고 물었다. 나무꾼이 그렇다고 이야기하자 산신령은 나무꾼의 정직함을 칭찬하며 금도끼와 은도끼를 모두 주었다. 한편 이 소식을 들은 이웃 마을의 나무꾼은 나무를 하다가 일부러 도끼를 빠뜨렸다. 역시 조금 있다가 산신령이 연못에서 나왔다. 산신령에게 금도끼와 은도끼 모두 자신의 도끼라고 하다가 쇠도끼까지 빼앗기는 벌을 받았다.

– 기억, 지식(Knowledge): 아이가 정보를 제대로 기억하고 있는가?

과정, 형태, 구조 혹은 장면 등의 사실적인 정보들을 인식하고 회상하는 능력을 말한다. 또는 이전에 접했거나 배웠던 내용들의 사실이나, 용어, 기본적 개념들을 기억해내는 것을 의미한다.

주인공이 누구지?
나무꾼은 무엇을 잃어버렸니?
이야기를 들으면서 새롭게 접한 단어들은 무엇이 있을까?

– 이해(Comprehension): 아이가 이야기 속에 들어 있는 생각을 설명할 수 있는가?

의사소통되고 있는 것이 무엇인지 알고 있는 정도이다. 다른 자료와 그것을 반드시 관련시키지 않아도 의사소통되고 있는 아이디어와 자료를 활용할 수 있는 정도의 이해 능력 또는 감지 능력을 말한다.

나무꾼이 쇠도끼만을 자신의 도끼라고 한 이유가 뭘까?
왜 산신령은 금도끼와 은도끼를 나무꾼에게 주었을까?

– 적용(Application): 아이가 새로운 지식이나 정보를 이용해서 새로운 문제를 해결할 수 있는가?

특정한 구체적인 상황 속에서의 추상 개념을 사용할 수 있는가를 알아본다. 추상 개념은 일반적인 아이디어, 절차의 원리 등의 듣거나 읽어서 얻은 정보를 새로운 상황에 적용하는 것이다. 습득한 정보와 지식을 이용하여 문제를 해결하는 것을 의미한다.

쇠도끼의 입장에서 말해볼래? 쇠도끼는 어떤 기분이었을까?
꼭 이와 똑같은 경험은 아니더라도 정직하게 이야기를 해서 좋았던 일이 있었니?

– 분석(Analysis): 아이가 내용들 간의 부분과 전체의 관계를 잘 이해하고 분해할 수 있는가?

표현된 내용들 간의 관계가 구체적이고 명시적이게 구성 요소나 부분으로 분해하거나 부분을 다시 전체와 관련짓는 능력이다. 분석하기, 단순화하기, 요약하기, 분류하기, 비교하기, 대조하기, 등급으로 나누기, 구별하기 등이 속한다.

나무꾼과 이웃 마을 나무꾼의 성격은 어떻게 다르지?
산신령이 나무꾼을 시험한 것을 어떻게 생각하니?

– 종합(Synthesis): 아이가 이야기의 전체를 큰 범주 내에서 이해하고 재구성할 수 있는가?

전체를 이루기 위해 요소나 부분들을 함께 조합하거나 결합하여 새로운 방법으로 내용을 구성하는 것이다. 작문하기, 해결하기, 짜내기, 고안해내기, 공식화하기, 정교하게 하기, 개작하기, 제안하기를 예로 들 수 있다.

겨울, 헤어짐과 또 다른 만남

만일 나무꾼이 금도끼와 은도끼가 모두 자기의 것이라고 했다면 어떻게 되었을까?
두 번째 나무꾼의 도끼를 빼앗지 않고 잘못을 깨닫게 하는 방법은 없었을까?

– 평가(Evaluation): 아이가 텍스트에 대해 어떤 평가를 하고, 어떤 가치를 부여하는가?

특정한 기준에 따라 선악과 시비를 판단하고 이유를 드는 것이다. 주어진 목적이나 의도에 비추어 자료나 방법이 가지고 있는 가치에 관해 판단하는 일이다. 이에 대한 예로는 판단하기, 옹호하기, 정당화하기, 등급 매기기, 평가하기, 지지하기, 증명하기, 추천하기, 우선순위 매기기와 같은 것이 있다.

'정직'이라는 덕목이 중요하다고 생각하니?
이 이야기의 교훈은 무엇일까?

이별과
또 다른 만남

다시 만날 수 있을 거야. 그렇지?

『눈사람 아저씨』(레이먼드 브리그스 글 · 그림, 마루벌, 1997)

등굣길의 차가운 바람 때문에 고개를 숙이고 빠른 걸음으로 걷는 아이들을 보게 될 때 우리는 겨울이 왔음을 깨닫는다. 늘 그렇듯 겨울이 오면 한 해를 마무리해야 한다는 마음으로 분주해진다. 그런데 그런 마음을 조금이나마 달래주는 것이 있다. 바로 눈이다. 그래서 추운 겨울이 와도 눈 오는 날의 풍경은 우리를 따뜻하게 해준다. 이맘때면 아이들도 봄과 여름과 가을을 보내고 1년의 생활을 마무리한다. 겨울방학이 다가오고 엄마와 아이는 저마다 계획을 세우기 시작한다. 대부분의 학교에서는 2학기 동안 배운 내용으로 기말고사를 시험을 치르고 여러 가지 행사를 하기도 한다. 반 아이들의 글을 모아서 문집을 만드는 경우도 있고, '사과 데이'를 정해서 미안했던 친구에게 사과를 예쁘게 포장해서 선물하게 하기도 한다. 또 '마니또 놀이' 등의 행사를 통해 친하지 않은 친구와 사귀기도 하고, '시장놀이'와 같은 활동을 통해 이 시기의 아이들에게 꼭 필요한 경제 개념을 배우기도 한다.

이처럼 겨울이 되면 추운 날씨로 교실에서 하는 실내 활동이 많아진다. 그리고 학교에 따라서는 한자나 오카리나, 노래, 줄넘기 급수 등의 예체능 시험을 보기도 한다. 이 시기 대부분의 학교가 상장을 많이 수여하는데, 너무 상장을 받는 일에 마음을 두지 않는 것이 좋다. 또 학교에서는 '스승과 제자와 학부모들이 참여하는 작품 발표회' 등 여러 행사를 개최한다. 비록 한 학년이 끝나가지만 다양한 작품을 만들고 아이들은 호기심 어린 눈으로 행사에 참여한다. 엄마가 전시회에 작품을 내면 아이들도 덩달아 즐거워지는 것이다. 그 외에도 1학년의 경우 순번을 정해서 청소 도우미를 하는 경우도 있다. 상현이가 1학년 때 1년간 했던 청소 도우미는 힘이 들기도 하지만 아이들의 교실을 깨끗하게 청소를 한다는 점에서 뿌듯한 활동이었다. 또 아이의 교실 내 활동을 알 수 있기 때문에 학부모라면 누구나 한번쯤 해볼 만한 좋은 경험이다. 겨울은 한 학년을 마무리하면서, 이 모든 활동도 정리해야 하는 시점이다.

겨울의 느낌이 서정적으로 드러난 레이먼드 브리그스(Raymond Briggs)의 『눈사람 아저씨』는 우리에게 아주 잘 알려진 작품이다. 1978년 영국에서 출간된 이 그림책은 글이 없고 그림으로만 이루어져 있다. 때로는 글 없이 그림으로만 이루어진 책이 훨씬 많은 것을 전달하는 것도 같다.

눈이 오는 날 소년은 커다란 눈사람을 만든다. 만들다가 집에 들어와 따뜻한 차 한잔을 마시며 창문으로 눈사람을 보고 있는 장면은 참 사랑스럽다. 눈사람에 눈, 코, 입을 만들어주고 모자와 목도리까지 매준 소년은 침대에 들어가서 자기 전에도 창밖으로 눈사람이 잘 있는지 확인한다. 이러한 표현들이 아이들의 모습을 그대로 표현한 것 같아서 좋다. 자다가 일어나서 잠깐 밖으로 나가보는 소년에게 '눈사람 아저씨'는 모자를 들어 인사를 해준다. 그 후로 눈사람 아저씨와 소년의 만남이 시작된다. 집으로 초대해서 함께 놀고 식사를 대접한 소년에게 눈사람 아저씨는 겨울밤을 날아서 성과 바다 등 멋진 풍경을 보여준다. 다시 집으로 돌아온 소년과 눈사람은 서로를 꼭 안아주고 헤어진다. 그렇게 즐거운 시간을 보낸 소년은 다시 잠이 든다. 다음 날 아침, 소년은 일어나자마자 눈사람을 확인한다. 그런데 눈사람은 녹아버렸고 소년이 매준 모자와 목도리만 덩그러니 남아 있다.

이 책은 무척이나 따뜻하면서도 슬프다. 소년의 외로움과 상심의 감정이 그대로 느껴지고, 그러면서도 포근하다. 원제는 'The Snow Man'으로 우리말로 번역한 '눈사람 아저씨'는 작품에 내포된 의미를 잘 살린 제목이다. 다이앤 잭슨(Dianne Jackson) 감독이 만든 26분짜리 단편 애니메이션 작품도 좋다. 첫 부분에 나와서 조용히 이야기를 건네주는 청년은 데이비드 보이(David Bowie)다. 눈사람과 소년이 날아가는 설국의 모습 위로 「Walking In The Air」가 조용히 흘러나온다. 아이들과 함께 보기에도 무척 행복한 애니메이션이다. 애니메이션의 끝부분에서는 책과는 다르게 아이의 손에 눈사람 아저씨에게서 받았던 목도리가 들려 있다.

겨울과 관련된 그림책 중 애니메이션으로 만든 작품 중에서 에즈라 잭 키츠(Ezra Jack Keats)의 『눈 오는 날』도 인상적이다. 특히 눈 장난을 하고 들어와서 욕조에 앉아서 무언가를 오랫동안 생각하는 소년의 모습이 인상적이다. 벅찬 하루를 보내고 와서 그것을 정리하고 몸과 마음에 기억하려는 모습에 깊이 공감했다. 그런 느낌은 『눈사람 아저씨』에서도 마찬가지다. 외로운 소년이 마음에 맞는 친구를 만났을 때의 설렘과 기쁨 그리고 사라졌을 때의 당황함과 아쉬움이 잘 나타나 있다. 이 작품은 내용이나 구성이 앤서니 브라운(Anthony Browne)의 『고릴라』와 무척 닮아 있다. 『고릴라』의 주인공 소녀와 같이 소년은 아마도 무척이나 외로웠을 것 같다. 소년은 눈사람 아저씨와의 포근한 만남을 오랫동안 기억하게 될 것이다.

서울에서 태어나 초등학교 1학년까지 그곳에서 계속 살던 상현이는 다른 먼 도시로 이사를 가게 되었다. 오래전부터 이사를 간다고 이야기를 해주어서 아이는 마음의 준비를 하고는 있었다. 그래서 초등학교에 입학해서 1년 동안 사귀었던 친구, 선생님과 이별을 해야 했지만 아이는 슬픔을 겉으로 표현하지는 않았다. 그러나 같은 유치원을 나오고 함께 학원을 다니며 3년을 사귄 친구와 헤어지고 집으로 돌아오는 길, 학원 셔틀버스에서 내리자마자 울음을 터뜨렸다. 그 후에도 도라에몽의 극장판인「스텐바이 미 도라에몽」을 함께 보는데 주인공인 진구와 도라에몽이 헤어지는 장면이 나오자 상현이는 엄마 몰래 눈물을 닦곤 했다. 아이에게 헤어짐이란 곧 슬픔이다. 이제 다시는 그 친구를 보기 힘들다는 자각을 하게 된다.

1학년 때 상현이는 특히 두 친구와 친하게 지냈다. 아침에 친구와 만나기 위해 등교 시간을 조절하기도 했고, 그 친구가 나오는 골목길 앞에서 오랫동안 기다리다가 지각을 할 뻔한 적도 있었다. 가끔 상현이를 교문 앞까지 등교시키고 오는 길에 그 친구를 보기도 했는데, 그 아이는 나를 보자마자 상현이가 방금 들어갔을 거라고 예상하고는 내가 걸어온 방향으로 급하게 뛰어가곤 했다. 주말에 함께 놀 장소가 없으면 근처 놀이터나 키즈 카페에서 만나기도 했던 친구들이다. 학년이 끝나고 이별을 해야 하는 날, 수업이 끝나고 정말 헤어져야 하는 그때, 이별이 슬픈 한 친구는 끝내 상현이와 아무 말도 하지 못했다. 작별 인사도 하지 않은 채 다른 곳으로 그냥 뛰어갔다. 아마도 받아들이기가 너무 힘들었나보다.

헤어짐에 익숙한 사람은 없다. 또 잘 헤어지는 방법도 없다. 부모가 그런 방법을 안다면 아이에게 잘 알려줄 텐데, '그저 시간이 지나면 좋아지겠지.' 하고 생각만 했다. 아이의 삶에서도 분명히 친구들과의 이별은 슬픔이고 아픔이겠지만 그것을 당의정 같은 말이나 행동으로 포장하고 싶지는 않았다. 대신 상현이에게는 많은 사람과 헤어지더라도 언제까지나 옆에서 사랑해주는 가족이 있다는 것을 알려주었다.

그 친구들은 나름대로 다른 아이들과 한 반이 되기도 하고 헤어지기도 했다. 새로운 환경에 대한 기대와 불안감을 가지고 또 한 학기를 시작할 것이다. 그리고 얼마간은 그리워하다가 어느 날 서로를 잊게 되어도 함께 놀았던 놀이터나 골목길과 비슷한 곳을 만나게 될 것이다. 함께 놀러갔던 '의릉'이나 '북서울 꿈의 숲'을 또 가보게 될 것이고, 그곳에서 서로 꽃으로 팔찌를 해주고 반지를 만들어주던 그 손길을 기억하게 될 것이다. 어른이 되어서 친구들의 이름도 기억나지 않을 어느 날에도 어렴풋하게나마 초등학교 1학년 때의 어느 골목길을 생각하면 마음이 따듯해지지 않을까?

엄마와 아이가 함께 해요

📖 책을 읽기 전에

↳ 흰색 점토로 엄마와 함께 눈사람을 만들어본다.

↳ 헤어짐과 다시 만나는 일에 대해 생각해본다.

Tip. 점토로 눈사람 만들기

점토를 만지면서 무엇인가를 만드는 행위는 긴장을 풀어주며, 부드러운 흙은 우리를 편안하게 만들어준다.

📖 책을 읽고 나서

💬 생각 연습

↘ '눈사람이 녹지 않는 방법'에 대해서 브레인스토밍(Brainstorming)을 해보자.

- 브레인스토밍이란

알렉스 오즈번(Alex Osborn)이 개발한 '브레인스토밍'은 기업에서 창조적인 아이디어를 개발하기 위해서 시작한 활동이다. 자유로운 분위기에서 생각나는 모든 것을 거리낌 없이 이야기해서 좋은 아이디어를 만들어내는 것이 가장 큰 장점이다. 그러므로 참여한 인원은 자신의 아이디어를 모두 이야기하는 것이 좋다. 특정한 주제나 문제에 대해 머릿속에 떠오르는 아이디어를 자유롭게 이야기하면서 창의적이고 합리적인 해결책을 얻는 방법이다. 인원이 많을수록 좋고 누가 어떤 의견을 내더라도 무시하거나 비판을 하면 안 된다. 자유롭게 이야기하는 과정에서 창의적인 생각이 떠오를 수 있다. 브레인스토밍을 한 후에는 단어들의 순서를 정하거나 단어와 주제의 관계를 지어본다. 뒤죽박죽된 단어와 문장들의 순서를 만들고 서열을 정하고 조합을 잘 하면 유기적이고 논리적인 짜임새를 갖추게 된다.

- 브레인스토밍 방법

① 3~4명이 함께 앉는다. 이때 사회자가 필요한 것은 아니지만 진행자가 정리를 하면 좋다.

② 큰 종이를 준비해서 한 번 이상은 자유롭게 의견을 말한다. 다른 사람을 생각하지 않고 떠오르는 의견을 모두 말하는 것이 가장 좋다.

이때, 다른 사람의 의견이 마음에 들지 않아도 그에 대해 자신의 생각을 말하지 않는다. 모든 의견을 수용하는 것이 중요하다.

③ 종이에 의견을 적는다.

④ 집단별로 또는 개인별로 발표한다.

✐ 쓰기 연습

↘ 위의 브레인스토밍의 결과 가장 좋은 의견과 그 이유를 써보자.

_____

_____

_____

↘ 다음 작품은 김륭의 「꽃피는 눈사람」이라는 시다. 아이의 상상을 극대화해서 밑줄에 들어갈 말을 만들어보자.

눈사람이 집으로 갑니다.
낮엔 햇빛타고 밤엔 달빛타고 왔던 길 돌아갑니다.
눈사람과 신나게 놀던 바람이 훌쩍훌쩍 웁니다.
우두커니 구경하던 나무들도 뚝뚝 눈물방울을 떨어드립니다.

_____

−김륭, 「꽃피는 눈사람」 중에서[13]

🎤 말하기 연습

↘ 그림책 『눈사람 아저씨』를 보고 이야기를 만들어서 읽어보자. 눈사람과 소년, 엄마, 아빠 등으로 역할을 나누어서 이야기를 만들어보자.

↘ 토론하기

토론이란 자신의 생각을 상대방에게 설득시키는 과정이다. 그러기 위해서는 자신의 주장을 논리적으로 이야기해야 한다. 토론을 진행할 때는 토론 주제, 토론자, 사회자, 규칙, 청중의 조건이 충족되어야 한다. 토론의 종류는 여러 가지가 있는데 여기에서는 가장 일반적인 찬반 토론(Debate)을 해보자.

- 주제를 정할 때 주의 점
  · 긍정문이어야 한다.

_____

13) 김륭, 「꽃피는 눈사람」, 『프라이팬을 타고 가는 도둑 고양이』, 문학동네, 2009.

겨울, 헤어짐과 또 다른 만남

- 의미가 분명해야 한다.
- 가치중립적이어야 한다.
- 명백한 주장을 위해 한 가지 주제만 포함해야 한다.
- 공공의 문제를 다루어야 한다.
- 여론이 비등해야 한다. 즉, 한쪽 의견만 우세하면 안 된다.
- 찬반이 대립할 수 있는 주제여야 한다.
- 토론 결과가 영향을 미칠 수 있어야 한다.

- 토론할 때의 주의 점

찬반 토론은 주제에 대해서 토론자들이 찬성과 반대 측 의견으로 나뉘어서 논쟁하는 것이다. 아이들의 토론의 경우에도 주장을 정확히 해야 한다. 또한 주장에는 확실한 이유와 논리적인 근거를 제시해야 한다. 다른 토론도 마찬가지겠지만 특히 찬반 토론과 같은 경우에는 발언을 주의해서 부드럽게 해야 한다. 또한 토론의 결과에 따라야 한다. 진 팀은 결과를 인정하고, 이긴 팀은 이겼다고 자만하지 않는 태도가 매우 중요하다.

- 토론 준비물: 찬성과 반대 푯말

- 발언 순서

찬성 측 발언으로 시작해서 찬성 측 발언으로 끝난다(토론의 주제를 찬성하는 쪽이 불리하다. 찬성 쪽은 선택할 수 있는 입장이 아니지만 반대쪽은 선택할 수 있는 입장이다).[14]

- 듣기와 말하기

토론자를 존중하면서 끝까지 경청한다. 그리고 알맞은 목소리와 크기로 내용이 분명하게 전달될 수 있도록 짧고 구체적으로 말한다.

---

14) 강치원, 위의 책, 232~239쪽 참조.

- 토론 주제

겨울밤 여행을 함께 한 '눈사람 아저씨'는 '산타클로스'와도 닮았다. '산타클로스는 정말 있다'라는 주제로 찬반 토론을 해보자.

· 주제: 산타클로스는 정말 있다.

찬성 측 생각(있다): _____

반대 측 생각(없다): _____

· 주장하는 이유: 그렇게 생각하는 이유는 무엇인가요?

찬성 측 이유: _____

반대 측 이유: _____

- 토론의 역할 분담

· 사회자: _____

· 찬성 측: _____

· 반대 측: _____

· 판정단: _____

- 토론 순서

찬성 측 주장 → 반대 측 주장 → 반대 측 질문 → 찬성 측 답변 → 찬성 측 질문 → 반대 측 답변 → 반대 측 정리 → 찬성 측 정리

겨울, 헤어짐과 또 다른 만남

『우리 학교에 이상한 친구가 전학 왔어요』(데이비드 매킨토쉬 글·그림, 최지현 옮김, 아이세움, 2011)
『새 학년엔 멋있어질 거야!』(베시 더피 글, 자넷 윌슨 그림, 햇살과 나뭇꾼 옮김, 크레용하우스, 2001)

    상현이가 지금 다니는 학교는 새로 만들어진 지방 도시의 한 초등학교로 대부분 아이들이 다른 도시에서 온 전학생으로 이루어져 있다. 상현이도 역시 서울에서 전학을 간 전학생이다. 정든 학교와 친구들을 뒤로한다는 것은 아이에게는 큰 상실이고 슬픔이다. 또다시 새로운 곳에서 다른 친구들과 적응을 하는 것도 힘들다. 이런 경우 가족의 도움이 반드시 필요하다. 새로운 환경에 무리 없이 잘 적응할 수 있도록 감정을 잘 도닥여주어야 한다.

    『우리 학교에 이상한 친구가 전학 왔어요』는 전학을 간 곳의 아이들이 전학생을 보는 관점에서 내용이 전개된다. 대부분의 아이들은 전학생을 그들과는 무엇인가 다른, 이상한 아이로 바라본다. 똑같은 옷을 입고 똑같은 음식을 먹고, 똑같은 놀이를 해도 무엇인가 다르다고 생각한다. 그들은 생각이나 말이나 행동이 분명히 다를 것이라고 생각하는 것이다. 아이들의 경우에 경험도 적고 행동반경도 넓지 않아서 자기가 알고 있는 사실 외에 다른 무엇이 있다고 생각하지 않을 수도 있다. 그래서 아마도 이질감을 쉽게 느끼는 것 같다.

    아이들은 새로 전학 온 마샬 암스트롱이 얼굴부터 이상하게 생겼다고 생각한다. 귀는 얇고, 입은 열대어를 닮았는데 분명 우주인일 거라고 이야기한다. 마샬에게 생일파티 초대를 받은 아이들은 그의 생일파티도 분명히 이상하고 재미없을 것이라며 기대하지 않는다. 그런데 생각과는 달리 마샬의 집은 평범했고, 생일파티는 무척 재미있었다. 이로써 마샬과 친구들은 서로 친해질 수 있었다. 얼마 후 그 반에 또다시 엘리자베스라는 친구가 전학을 온다. 아이들은 처음에는 엘리자베스를 이상한 눈으로 바라보지만 아마도 금방 친한 사이가 될 것을 우리는 알고 있다. 마샬은 엘리자베스의 옆자리에 앉고 싶다고 한다. 마샬과 엘리자베스는 새로운 환경에 적응하면서 또 다른 넓고 깊은 눈을 키울 수 있을 것이다.

새로운 환경을 만나고 적응하는 것은 누구에게나 힘들다. 전학의 행정적인 절차는 까다롭지 않다. 전학 가기 보름 전쯤 담임선생님께 전학 사실을 알리고, 가기 전날 정도에는 친구들, 선생님과 간단한 인사를 나눈다. 물론 아이에게는 더 오래전에 알리는 것이 좋다. 그리고 전학 온 학교 소재지 동사무소에서 전입신고를 하고 전학 사실을 알리면 증명서를 준다. 증명서를 가지고 전학을 가는 학교로 가면 반 배정을 받고 담임선생님을 만날 수 있다.

이렇게 간단한 절차에 비해서 아이들의 마음에는 결코 간단하지 않은 여러 상황이 벌어진다. 어떤 아이들에게는 매우 심각할 수도 있으므로 부모는 전학 간 아이의 심리를 유심히 살펴보아야 한다. 아이가 행동에 이제까지와는 다른 어떤 변화를 보이는지 잘 살펴보아야 한다. 갑자기 짜증이 늘었다거나, 다소 폭력적으로 변했다거나, 무기력해졌다면 학교에서의 적응을 의심해보아야 한다. 대개 다른 아이들이 이미 관계가 밀착되어 있는 곳에 갔을 때 그 관계 속으로 들어가지 못할 때는 소외감을 느낄 수 있기 때문이다. 전학을 가서 적응을 못하는 경우 오랜 시간 동안 깊은 상처가 될 수도 있다. 아이가 상황이나 감정을 말로 제대로 표현하지 않으려고 하면 그림을 통해서 알아보는 것도 좋은 방법이다. 특히 학교를 그려본다거나 친구 얼굴을 그려보게 해서 아이의 마음을 파악할 수도 있다. 문제가 심각해진다면 전문가의 상담을 받아보아야 한다.

전학의 경우가 아니더라도 새 반에 적응하는 일은 아이들에게 긴장되는 일이다. 사실 새 학년이 시작되고 일주일 동안이 가장 긴장되는 날들이다. 아이의 부모도 마찬가지다. 학교에 제출해야 할 것도 많고, 새롭게 준비해야 할 것도 많다. 이때 아이의 사회성에 대해서도 다시 체크해보는 것이 좋다. 그리고 걱정되는 상황이 있다면 선생님께 말씀드리고 상의를 해봐야 한다. 아이가 학교생활을 잘하는 것은 아이와 선생님과 부모, 세 사람의 효율적인 만남으로 이루어지는 것이다. 요즘은 학교에서 상담실을 운영하기도 하니 어려운 일이 있다면 이용해보는 것도 좋다. 그 외 아이가 준비물을 잊어버리지는 않는지, 숙제는 제대로 하는지 등을 잘 챙겨야 한다. 학습에 필요한 연필이나 공책, 필통 등 기본적인 것에서부터 자나 색연필, 풀, 가위 등의 문구류들도 부족하지 않은지 잘 살펴야 한다.

베시 더피(Betsy Duffey)와 자넷 윌슨(Janet Wilson)의 『새 학년엔 멋있어질 거야!』는 원제가 'How to Be Cool in the Third Grade'인 챕터북(Chapter Book)이다. 베시 더피는 일상에서 일어날 수 있는 아이들의 일을 사실적으로 이야기한다. 그의 또 다른 작품인 『축구 천재』 역시 3학년 친구의 이야기를 사실적으로 이야기하고 있다.

『새 학년엔 멋있어질 거야!』는 3학년에 올라가는 롭이라는 소년이 더 멋지게 변화하고 싶은 심정을 그대로 그리고 있다. 이 책에서 소년이 멋지게 변화하기 위한 세 가지 조건이 있다. 첫 번째는 애칭을 버리는 것, 두 번째는 옷 입는 스타일을 바꾸는 것 그리고 세 번째는 스쿨버스 정류장에서 엄마와 뽀뽀하지 않는 것이다. 그 정도 나이의 아이를 아는 이들은 모두 공감할 만한 내용이다.

실제로 아이들은 어릴 적 사용했던 애칭을 부끄러워한다. 그리고 자기가 입고 싶은 모양이나 색의 옷만을 입기도 한다. 엄마와 늘 같이 다니는 아이는 놀림을 받기도 한다. 그러나 책에서는 롭이 정해놓은 조건을 지키는 데 방해 요인이 나타난다. 바로 보 해니라는 친구이다. 그러나 어려울 것만 같았던 보 해니와의 관계가 해결되면서 롭이 원하는 조건의 일도 모두 이루어진다. 롭은 멋있어지는 것은 "놀림과 상처를 막아주는 갑옷과 같다"라고 생각해왔다. 아이들의 생각을 잘 나타내는 말이다. 아이들 사이에서도 놀림이나 상처는 두려운 것이다. 멋있어지면 그런 것들을 막을 수 있다고 생각한다. 그리고 멋있어지기 위한 조건이 바로 위에서 이야기한 세 가지이다. 세 가지의 공통점은 더 이상 어린 아기 같은 느낌이 없어진다는 것이다. 롭은 보 해니와의 일련의 사건들을 통해서 목숨을 걸고 그의 책 읽기를 도와주었던 자신을 생각해본다. 결국 자신과 타인에게 진실한 것이 멋있어지는 것이라는 것을 롭은 깨닫는다. 아이들에게도 새 학년 스트레스가 얼마나 심한지 알 수 있는 사실적인 내용의 책이다.

아이들은 학교에서 열리는 바자회처럼 물건을 가져가야 하는 행사에 어릴 적 가지고 놀던 장난감은 절대로 가져가지 않는다. 자신의 어릴 적 물건을 가져가는 것이 친구들에게 창피하기 때문이다. 아직도 충분히 입을 수 있는 셔츠들도 뭔가 어려 보이는 느낌이 든다면 입지 않는다. 캐릭터가 그려진 물건들도 마찬가지다.

의진이는 같은 학교의 친구들과 같은 아파트에 살기에 특히 친하다. 친구들이 집에 자주 놀러와서 함께 놀고, 대부분 잘 알고 있는 친구들이기에 새 학기에 대한 어색함은 덜할 것이다. 그럼에도 새로운 환경에 대한 경쾌한 긴장감은 생길 수 있다.

새 학년이 되어서 이제까지의 낡은 습관을 버리고 새롭게 마음을 잡는 일은 중요하다. 자, 이제 새 학년 새 반이 되었다. 새로 만난 친구들에게 멋진 모습으로 인사를 하자.

"안녕, 난 정의진이야, 반가워."

"반가워, 난 이상현이라고 해. 우리 친하게 지내자."

엄마와 아이가 함께 해요 ••

📖 책을 읽기 전에

📞 지금 같은 반의 친구들을 처음 만났을 때를 생각해본다.

📞 엄마의 어린 시절 전학에 관련된 에피소드(전학을 갔던 경험이나 전학생이 왔던 경험)를 이야기해준다.

📖 책을 읽고 나서

💬 생각 연습

↘ 친구와의 첫 만남과 첫인상의 중요성에 대해서 생각해보자. 예를 들어서 어떤 친구에 대한 이야기를 듣는다고 하자. 한 친구는 '친절하고, 지혜롭고, 용기 있고, 장난이 심하고, 거짓말을 하는' 친구이고, 또 한 친구는 '거짓말을 하고, 장난이 심하고, 용기 있고, 지혜롭고, 친절한' 친구이다. 두 친구 중 누가 더 좋은가? 물론 이 둘은 같은 사람이다. 친구를 설명하는 단어의 배치만을 다르게 했을 뿐이다. 이처럼 먼저 들어온 정보가 우리에게는 훨씬 강력하게 영향을 미친다. 이것을 초두효과(Primacy Effect)라고 한다. 흔히 첫인상이 중요하다는 말을 하는데 대개 첫인상은 나중에 들어오는 정보를 해석하는 기준이 되기 때문이다.

✏️ 쓰기 연습

↘ 다음의 시를 아이와 함께 읽고 시 속에서 이야기하는 아이가 까불고 싶은 이유가 무엇인지 이야기해보고 그 이유를 써보자.

오늘
은지라는 애가
전학을 왔네.

키가 작아
은지는
내 앞에 앉았네.

은지는
단발머리에
눈이 큰 아이.

이상하게
오늘은
까불고 싶네.

－정유경, 「까불고 싶은 날」 전문[15]

↘ 새 학년이 되면 하고 싶은 일을 세 가지만 써보자.

---

15) 정유경, 『까불고 싶은 날』, 창비, 2010.

↘ 친구와 악수하기

악수는 대표적인 인사법이다. 그리고 상대와의 스킨십이다. 악수를 할수록 서로 마음을 열고 좋은 관계를 형성할 수 있다. 서양에서 악수는 자신의 손에 어떤 무기도 가지고 있지 않다는, 즉 상대방을 해치지 않겠다는 의미로 시작되었다. 또한 '손'은 신뢰를 상징해서 악수하는 행위는 상대방을 신뢰한다는 표시이다. 선서가 바로 그 예이다. 오늘날 악수는 우호와 화합의 상징인 인사법으로 친밀감을 형성할 수 있다.

- 악수의 3단계
① 이름을 말하며 손을 내민다.
② 엄지와 집게 손가락 사이의 깊숙한 부분이 닿게 한다.
③ 가볍게 두세 번 흔든다.

- 악수를 청하는 순서

· 같은 또래라면 여성이 남성에게 청한다. 그러나 연령이 많은 경우에는 윗사람이 먼저 청한다.

· 선배가 후배에게 먼저 청한다.

· 연장자가 연소자에게 먼저 청한다.

· 기혼자가 미혼자에게 먼저 청한다.

· 상급자가 하급자에게 먼저 청한다.

- 악수의 방법

① 일어나서 바른 자세로 손을 내민다.

② 손은 너무 세지도 않고 너무 약하지도 않게 잡는다(서양에서는 너무 느슨하게 잡는 손을 'Dead Fish'라고 부를 정도로 불쾌하게 생각한다).

③ 상대방의 눈을 보고 부드럽게 미소를 지으면서 악수한다. 악수를 한 채로 성명과 간단한 인사를 나눈다.

④ 오른손으로 상대방의 오른손을 잠시 힘주어서 잡는다.

⑤ 두세 번 가볍게 흔든다.

- 적합한 인사말과 함께 악수를 해보자.

↘ 아이의 장래의 꿈을 적은 명함을 만들어서 교환해보자.

명함은 자신의 얼굴이다. 명함은 영어로 'Visiting Card'(미국)나 'Calling Card'(영국), 'Business Card'라고도 한다. 가끔 'Name Card'라는 표현을 쓰기도 하는데, 이는 옳은 표현이 아니다. 명함은 자신의 이미지를 전달하는 중요한 의사소통 도구의 하나이다. 그래서 명함을 전달할 때와 마찬가지로 다른 사람의 명함을 받을 때도 소중하게 다루어야 한다.

Tip. **명함의 유래**

　명함은 서양에서 루이 14세 때부터 사용되기 시작했다. 사교계 귀부인들이 트럼프 카드에 자기 이름을 써서 왕에게 올린 것이 시초라고 전해진다. 루이 15세 때 동판 인쇄물로 발전해서 지금의 형태를 갖추게 되었다. 중국에서는 옛날부터 친구나 지인의 집에 갔다가 부재중이면 이름을 적어놓고 오는 관습이 있었다고 한다.

- 명함 만들기
　· 준비물: 사각형 흰 종이, 가위, 네임 펜, 색종이나 색연필
　① 준비한 사각형의 흰 종이를 가로 8~9cm, 세로 5~5.5cm로 자른다.
　② 자른 종이에 아이의 이름과 성인이 된 후의 꿈을 적는다.
　③ 색종이를 붙이거나 색연필로 색칠해서 예쁘게 꾸민다.

- 명함 주고받기 에티켓

· 더럽거나 구겨진 명함을 주어서는 안 된다.

· 명함을 바지 주머니에서 꺼내거나 집어넣는 것은 결례이다.

· 받은 명함을 보지도 않고 주머니에 넣는 것은 예의에 벗어난다.

· 상대방 앞에서 상대방 명함에 메모를 하는 것은 결례이다.

· 상대방 명함을 가지고 손가락으로 만지작거리거나 구겨서는 안 된다.

· 상대방 명함을 테이블 위에 놓아둔 채로 자리를 떠서는 안 된다.

· 대화 중 상대방 이름을 잊어버려 명함을 다시 꺼내봐서는 안 된다.

· 명함을 교환할 때는 일어서서 자기를 소개하는 인사말과 함께 교환해
  야 한다.

· 명함은 명함 지갑에서 꺼내서 건네는 것이 예의이다.

· 명함을 건넬 때는 명함의 글씨가 상대방에게 바로 보이는 방향으로 건
  넨다.

· 외국인으로부터 명함을 받을 때는 상대방 이름의 발음을 확인한다.

· 명함을 꺼내거나 받아 넣을 때는 상의 주머니나 안주머니를 이용한다.

· 명함은 한 손으로 건네고 두 손으로 받는다.

· 명함을 맞교환할 때는 오른손으로 상대방 가슴 높이로 정중하게 건네
  고 왼손 바닥으로 받는다.

· 받은 명함은 두 손으로 잡고 본 다음에 책상 위에 놓거나 주머니에 넣
  는다.

· 소개의 경우에는 소개를 요청한 사람이 먼저 명함을 건넨다.

· 지위에 관계없이 방문한 사람이 명함을 먼저 건넨다.

· 여러 사람에게 명함을 건넬 때는 상대 중 연장자나 상급자에게 먼저
  건넨다.

· 직장이나 업무와 관련한 모임 등에서는 손아랫사람이 손윗사람에게 먼저 명함을 건넨다.

↘ 직접 만든 명함을 교환하면서 자기소개를 해보자.

♟️ 아이와 함께 고르는 한 권의 책

'책 지도'를 만들기 위해서는 직접 책을 골라야 한다

나이별, 학년별로 지정된 권장 도서 등의 책들은 물론 유익하다. 그러나 누구나 그 나이에는 같은 책을 읽는다는 것은 조금 생각해보아야 할 문제이다. 비슷한 생각을 하는 사람으로 자라기 때문이다. 누군가가 책을 추천했다면 그것은 각자 자신의 관점과 취향일 수 있다. 그래서 절대적으로 받아들이기보다는 그저 참고 정도만 해야 한다. 물론 책에 관련된 전문기관에서 추천한 것이라면 조금 다른 이야기이지만 말이다.

산 정상에 오르기 위해서는 지도가 필요하듯 책을 읽는 데에도 '책 지도'가 필요하다. 그리고 그 지도는 자신이 만들어가야 한다. 가끔 누군가가 좋은 책이라고 하면 많은 사람들이 그 책을 읽으려고 하는 경우를 자주 보았다. 누군가 추천한 그 책은 물론 더할 나위 없이 좋은 책일 수 있다. 그리고 그것을 추천한 분의 경험이나 지식, 상황에 비추어보면 정말로 그의 인생을 바꾸어놓은 책일 수도 있다. 추천한 이와 비슷한 상황의 사람이라면 그 책에서 많은 도움을 받고 즐겁게 읽을 수도 있다. 그러나 반대로 그렇지 않을 가능성도 대단히 크다. 그래서 책은 여러 가지 정보를 통합하여 가급적이면 자신이 직접 고르는 것이 좋다. 자신에게 맞는 책을 찾아야 한다. 그 책을 기준으로 그다음 읽을 책을 정해가는 것이 자신만의 '책 지도'를 완성하는 길이다. 조금은 시간이 걸리고 시행착오를 겪더라도 이 방법이 가장 좋다. 물론 다른 이들의 정보에 귀를 활짝 열어놓아야 할 것이다.

아이들의 경우 처음에는 엄마가 골라주는 것이 좋다. 그리고 아이와 엄마가 함께 고르는 것도 필요하다. 그 과정을 통해서 차근차근 아이가 책을 선택할 수 있는 눈을 키울 수 있도록 해야 한다. 자신이 원하는 책이 무엇인지 찾아낼 수 있는 힘을 가져야 한다.

책은 각자의 지식이나 취향, 경험, 상황에 맞게 읽어야 하는데, 자신에게 맞는 유용한 책을 선택하려면 책에 대해서 지속적으로 관심을 갖고 도서관이나 서점에 자주 드나들어야 한다. 신간은 무엇이 있는지, 베스트셀러는 무엇인지, 실생활에 유익하게 도움이 될 책들은 어떤 것이 있는지 잘 살펴보는 것이 중요하다. 이유식을 먹는 아이에게 스테이크를 줄 수는 없다. 그 반대의 경우는 그래도 가능하지만 자신이 소화할 수 있는 책을 읽어야 한다. 그러다보면 점차 책에 대한 지평을 넓혀나갈 수 있을 것이다.

책을 고를 때에도 직접 도서관이나 서점에 아이와 함께 가서 고르고 읽는 것이 좋다. 도서관의 서가를 지나다가 그냥 마음에 드는 책을 서서 읽어볼 수도 있고, 일주일에 한 번씩 서점에 들러 신간 코너를 살펴보는 것도 좋다. 도서관의 경우 유익한 행사가 많은데, 각종 독서 문화 프로그램이나 강연, 영화 상영 등으로 이용자들에게 많은 도움이 된다. 또한 다양한 분야의 책을 부담 없이 고를 수 있다. 한 가지 주제를 정해서 도서관에서 거기에 맞게 책을 고르고 읽고 활동을 해보는 것도 좋다. 예를 들어 '집'이라는 주제를 선택했다면 한 달 동안 집에 관련된 철학, 문학, 경제, 과학, 역사, 예술 부문 등의 책을 한 권씩 읽어보고, 종이로 '집'을 만들어본다든지 '집'에 대한 동시를 써본다든지 하는 활동을 하는 것이다. 이와 같은 방법으로 다른 것을 주제로 삼아도 좋다. 한 분야에 대해서 주제를 확장해서 살펴보면 보다 넓고 깊은 지식을 얻을 수 있을 것이다.

읽었던 책을 반복해서 읽는 것도 좋다. 새롭게 읽을 때마다 새로운 깨달음을 얻는다면 다른 책이 될 수도 있기 때문이다. 자신이 생각하는 만큼 책을 이해할 수 있을 것이다. 그렇기에 책을 읽는다는 것은 '현재의 나'를 읽는 것과 같다.

구입한 책을 아낀다면서 책 자체를 소중히 하고 깨끗하게 하는 사람이 많다. 지극히 개인적인 생각이지만 책을 아낀다는 것은 방법의 문제일 뿐이라고 생각한다. 필요에 따라 책에 줄도 긋고 낙서도 하면서 교감하는 것도 책을 읽는 하나의 방법이다. 책을 사랑한다는 것은 그 책이 이야기하고자 하는 바를 잘 깨닫고 행동으로 실천하면서 사는 것이기 때문이다.

책을 읽기 전 책의 표지나 디자인, 책의 판형과 편집, 저자 소개나 목차, 머리말 등을 세세히 살펴보아야 한다. 번역서라면 역자도 자세히 살펴보아야 한다. 그리고 책을 읽기 전에 책에 대해서 먼저 잠깐이라도 생각해보고 읽는 것이 좋다.

좋아하는 저자나 주제가 있다면 기간을 정해놓고 그 저자나 주제에 대한 책을 읽는 것도 재미있는 책 읽기의 한 방법이다. 또한 독서 노트를 만들어서 책을 읽은 후에는 인상 깊은 구절을 발췌해서 적어놓거나 간단한 리뷰를 해놓으면 도움이 된다. 가까운 이들과 독서 모임을 만들어서 책을 선택하고 토의하는 시간을 갖는 것도 책을 가까이 하고 이해하는 한 방법이 될 수 있다.

자기 전에 책을 읽어줄 때 엄마가 읽어주고 싶은 책 한 권을 꺼내놓고 아이에게도 보고 싶은 책 한 권을 선택하게 한다. 아이는 아주 어릴 적에 읽었던 책을 선택해서 가져오기도 한다. 어떤 정해놓은 기준에 따라 읽는 것이 아니라 책장을 훑어보다가 그저 마음에 드는 책을 골라 읽는 것이다. 그러므로 어릴 적 읽었던 책이라도 버리지 않는 것이 좋다. 초등학생이 되어서도 어릴 적 읽었던 『안 돼! 데이빗』과 같은 책을 가져오기도 한다. 아이가 분명 그 책을 다시 고르고 읽어달라고 하는 데에는 이유가 있기 때문이다. 예를 들어 개구쟁이 데이빗의 장난에 "그래도 엄마는 데이빗을 사랑하니까"와 같은 엄마의 마지막 말이 기억나서 골랐거나 지금 그 말을 듣고 싶은 것일 수도 있다. 그렇게 골라오는 책을 통해서 아이의 마음을 읽을 수 있다. 그럴 때면 읽어주다가 가장 마지막 장면에서는 데이빗의 엄마와 같이 꼭 껴안아주면서 사랑한다고 말해주는 것도 좋다. 이처럼 상황에 맞게 책을 선택해서 현재 처해 있는 상황을 개선할 수도 있고 도움을 받을 수도 있다.

우리는 책을 통해서 시간과 공간을 초월한 여러 세계를 만나게 되고, 많은 유형의 인간을 만나 그들의 내면을 접하게도 된다. 그렇게 만나게 된 세상과 인간을 통해 우리는 자신의 모습을 발견하고 세상을 이해하게 되는 것이다.

이번 주말에는 가까운 도서관이나 서점으로 나들이를 나가보자. 아이에게 읽고 싶은 책을 한 권 고르게 하고 그날 밤에 읽어주자.

'세상에서 가장 아름다운 우리 동네 도서관'에서 책을 골라봤어요!

- 직접 고른 읽고 싶은 한 권의 책은 _____

- 아이가 책을 고르는 사진을 찍어서 아래 공간에 붙여보자.

강백향, 『초등 공부에 날개를 단다』, 한봄, 2014.

강치원, 『토론의 힘』, 느낌이 있는 책, 2013.

공인숙 · 김영주 · 최나야 · 한유진, 『아동문학』, 양서원, 2013.

구현정 · 전영옥, 『의사소통의 기법』, 박이정, 2007.

권경리 · 한광종, 『국제매너와 이미지 메이킹』, 백산출판사, 2014.

김광섭, 『이산 김광섭 시 전집』, 문학과 지성사, 2005.

김륭, 『프라이팬을 타고 가는 도둑 고양이』, 문학동네, 2009.

김미란, 『어린이 글쓰기 전략』, 들녘, 2011.

김영일 지음, 이준관 엮음, 『김영일 동시선집』, 지식을 만드는 지식, 2015.

김은하, 『우리아이, 책날개를 달아주자』, 살림, 2014.

김이구, 『해묵은 동시를 던져버리자』, 창비, 2014.

김종년, 『한 달간의 아름다운 여행, 아프리카 인도 편』, 선 미디어, 2005.

노성두, 『춤추는 세상을 껴안은 화가 브뢰겔』, 아이세움, 2005.

류강은 글, 김현민 그림, 김연비 감수, 『수학 유령의 미스터리 수학』, 글송이, 2011.

류시화 엮음, 『지금 알고 있는 것을 그때도 알았더라면』, 열림원, 2014.

박민근, 『아이를 바꾸는 책 읽기』, 중앙북스, 2013.

박점희 · 임성관, 『초등학교부터 시작하는 중학생 토론교과서』, 행복한 나무, 2014.

박현숙 글, 김미진 그림, 『욕대장』, 생각하는 책상, 2015.

백미숙, 『스피치 특강』, 커뮤니케이션 북스, 2014.

백욱찬 글 · 그림, 『백점빵』, 책과 콩나무, 2014.

서정오 글, 이우정 그림, 『서정오의 우리 옛이야기 백가지 1 · 2』, 현암사, 2015.

숙명여자대학교 의사소통능력개발센터, 『발표와 토론』, 2006.

신동흔, 『왜 모든 주인공들은 길을 떠날까』, 샘터, 2014.

신운선 · 강애띠, 『어릴 때 키워야 평생 가는 아이의 독서력』, 바다출판사, 2013.

유영진, 『몸의 상상력과 동화』, 문학동네, 2008.

윤부현·오규원 지음, 김용희·이준관 엮음, 『윤부현·오규원 동시선집』, 지식을 만드는 지식, 2015.

윤석중 지음, 이준관 엮음, 『윤석중 동시선집』, 지식을 만드는 지식, 2015.

이안, 『다 같이 돌자 동시 한바퀴』, 문학동네, 2014.

이탄, 『이탄시선』, 지식을 만드는 지식, 2014.

임선하, 『창의성에의 초대』, 교보문고 1998.

전병호·이정석·김용희·김종헌 외, 『한국 동시, 어제와 오늘 내일을 읽다』, 문학과 문화, 2013.

정유경, 『까불고 싶은 날』, 창비, 2010.

진선희, 『그림책을 읽다』, 한우리 문학, 2013.

채인선 글, 안은진 그림, 『나는 나의 주인』, 토토북, 2010.

최종득, 『쫀드기 쌤 찐드기 쌤』, 문학동네, 2014.

한우리독서문화운동본부 교재 집필위원회, 『독서교육론 독서논술 지도론』, 위즈덤북, 2005.

김유겸, 「영어 독서 습관의 환경조성 사례 연구」, 영남대학교 교육대학원 석사학위논문, 2008.

김희삼, 「학업 성취도, 진학 및 노동시장 성과에 대한 사교육의 효과분석」, kdi 연구보고서, 2010. 5.

이형주, 「Bloom의 6단계 질문법을 이용한 소설교육 방법에 관한 연구」, 아주대학교 교육대학원 영어교육, 2012.

간자와 도시코 글, G. D. 파블리신 그림, 이선아 옮김, 『사슴아 내 형제야』, 보림, 2010.

마크 펫·게리 루빈스타인 글, 마크 펫 그림, 노경실 옮김, 『절대로 실수하지 않는 아이』, 두레아이들, 2014.

니이미 난키치 글, 구로이 켄 그림, 손경란 옮김, 『아기여우와 털장갑』, 한림출판사, 1998.

대니 파커 글, 매트 오틀리 그림, 강이경 옮김, 『나무』, 도토리숲. 2014.

데이비드 매킨토쉬 글·그림, 최지현 옮김, 『우리 학교에 이상한 친구가 전학 왔어요』, 아이세움, 2011.

데이비드 브룩스 지음, 형선호 옮김, 『보보스』, 동방미디어, 2001.

러셀 에릭슨 글, 김종도 그림, 햇살과 나뭇꾼 옮김, 『화요일의 두꺼비』, 사계절, 2014.

레이먼드 브리그스 글 · 그림, 『눈사람 아저씨』, 마루벌, 1997.

루쉰 글, 이담 그림, 전형준 옮김, 『어느 작은 사건』, 두레아이들, 2013.

모니카 페트 글, 안토니 보라틴스키그림, 김경연 옮김, 『행복한 청소부』, 풀빛, 2015.

미카엘 두둑 데 비트 지음, 김미리 옮김, 『아버지와 딸』, 이숲, 2013.

바바라 G. 워커 지음, 박혜란 옮김, 『흑설공주 이야기 1』, 뜨인돌, 2002.

베시 더피 글, 자넷 윌슨 그림, 햇살과 나뭇꾼 옮김, 『새 학년엔 멋있어질 거야!』, 크레용하우스, 2001.

브래들리 트레버 그리브 지음, 이상희 옮김, 『어린이를 위한 용기』, 다산기획, 2015.

샬로트 졸로토 글 · 그림, 김경연 옮김, 『바람이 멈출 때』, 풀빛, 2001.

세르게이 코즐로프 · 유리 노르슈테인 글, 프란체스카 야르부소바 그림, 강량원 옮김, 『안개 속의 고슴도치』, 고래가 숨 쉬는 도서관, 2014.

스티븐 크라센 지음, 조경숙 옮김, 『크라센의 읽기 혁명』, 르네상스, 2013.

앨버트 바라바시 지음, 강병남 · 김기훈 옮김, 『링크』, 동아시아, 2002.

야시마 타로 글 · 그림, 윤구병 옮김, 『까마귀 소년』, 비룡소, 2000.

에른스트 곰브리치 지음, 백승길 · 이종숭 옮김, 『서양미술사』, 예경, 2013.

에릭 번 지음, 조혜정 옮김, 『심리게임』, 교양인, 2009.

우쓰기 미호 글, 그림, 장지현 옮김, 『치킨 마스크』, 책 읽는 곰, 2008.

윌리엄 스타이그 지음, 조은수 옮김, 『슈렉』, 비룡소, 2001.

이보나 흐미엘레프스카 글 · 그림, 이지원 옮김, 『두 사람』, 사계절, 2008.

장 지오노 글, 프레데릭 백 그림, 햇살과 나무꾼 옮김, 『나무를 심은 사람』, 두레아이들, 2002.

캐시 핸더슨 글, 패트릭 벤슨 그림, 황의방 옮김, 『작은 배』, 보림, 2000.

타샤 튜더 지음, 공경희 옮김, 『타샤의 그림정원』, 윌북, 2014.

타샤 튜더 지음, 공경희 옮김, 『타샤의 식탁』, 윌북, 2014.

타샤 튜더 지음, 공경희 옮김, 『타샤의 특별한 날』, 윌북, 2014.

트루디 루드위그 글, 패트리스 바튼 그림, 천미나 옮김, 『보이지 않는 아이』, 책과 콩나무, 2013.

프란치스카 비어만 지음, 김경연 옮김, 『책 먹는 여우』, 주니어 김영사, 2001.

하마노 유카 글 · 그림, 김숙 옮김, 『구구단 왕자』, 북뱅크, 2013.